O livro do chá

Kakuzo Okakura

O livro do chá

Tradução
Leiko Gotoda

Prefácio e posfácio
Hounsai Genshitsu Sen

8ª edição

Estação Liberdade

Título original: *The Book of Tea*

Revisão Carlos Soares e Leandro Rodrigues
Composição Johannes C. Bergmann / Estação Liberdade
Ideogramas à p. 7 Hideo Hatanaka, título da obra em japonês
Imagem da capa Rolo de papel, pintado e dourado, 39 x 57,5 cm, Freer Gallery of Art, Smithsonian Institution, Washington, D.C.
Editores Angel Bojadsen e Edilberto F. Verza

CIP-BRASIL. CATALOGAÇÃO NA PUBLICAÇÃO
SINDICATO NACIONAL DOS EDITORES DE LIVROS, RJ

O36L

Okakura, Kakuzo, 1862-1913
O livro do chá / Kakuzo Okakura ; tradução Leiko Gotoda ; prefácio e posfácio. Hounsai Genshitsu Sen. - São Paulo : Estação Liberdade, 2017.
144 p. : il. ; 21 cm.

Tradução de: The book of tea
ISBN 978-85-7448-140-1

1. Cerimônia japonesa do chá. I. Gotoda, Leiko. II. Sen, Hounsai Genshitsu. III. Título.

17-45829 CDD: 394.15
CDU: 392.86

01/11/2017 06/11/2017

Esta publicação segue as normas do Acordo Ortográfico da Língua Portuguesa, Decreto nº 6.583, de 29 de setembro de 2008.

EDITORA ESTAÇÃO LIBERDADE LTDA.
Rua Dona Elisa, 116 | Barra Funda
01155-030 São Paulo – SP | Tel.: (11) 3660 3180
www.estacaoliberdade.com.br

お茶の本

Sumário

Prefácio

O livro do chá, de Kakuzo Okakura (ou Tenshin, como o autor é conhecido no Japão), foi por quase um século uma das mais apuradas introduções ao modo de viver e ao pensamento asiáticos escritas em língua inglesa. Representou também um esforço pioneiro no sentido de construir uma ponte cultural entre o Oriente e o Ocidente, e permanece no cotidiano contemporâneo como um empreendimento notável. Se outrora o livro espantou seus leitores pelo exotismo do tema, ainda hoje continua a nos surpreender pelo vigor de seu *insight* e por sua linguagem incisiva.

Chado — literalmente "o caminho do chá" — ou ainda *chanoyu* — amplamente conhecida como "a cerimônia do chá" — se reveste de uma aura de mistério para muita gente, mas a motivação é simples: um pequeno grupo de amigos se reúne durante algumas horas para compartilhar uma refeição, tomar um pouco de chá e fruir uma breve trégua dos negócios e dos cuidados diários. Os convivas passam por um pequeno jardim composto de árvores e arbustos, e entram no espaço calmo e íntimo do aposento do chá, protegido de todo tipo de luz ofuscante. No nicho formado numa das paredes pende uma pintura[1], muitas vezes com inscrições de um mestre zen. Há também algumas flores arrumadas com simplicidade num vaso. Nesse ambiente tranquilo, que sugere a atmosfera de uma cabana construída em local ermo, anfitrião e convidados se recompõem e procuram se relacionar uns com os outros e com todos os elementos ao redor de maneira direta, imediata e intensamente apreciativa, enquanto conduzem a mais corriqueira das atividades humanas.

Em 1906, Okakura escreveu *O livro do chá* em inglês a fim de levar ao conhecimento dos leitores ocidentais o significado e a atmosfera da *chanoyu*. A obra foi compilada numa época em que seus próprios compatriotas procuravam avidamente ocidentalizar todos os aspectos do cotidiano japonês, e no exato momento histórico em que o Japão assombrou o mundo derrotando a Rússia com uma

1. Estes elementos decorativos (*kakejuku* ou *kakemono*, em japonês) são pinturas ou exercícios caligráficos, ou ainda uma composição de ambos em papel ou tecido. Fixado sobre papel ou tecido especial, o conjunto é guardado enrolado em torno de cilindros montados na borda superior e na inferior da pintura, motivo pelo qual é conhecido como "pintura em rolo". [N.T.]

força naval moderna, desenvolvida de maneira miraculosa em poucas décadas de cuidadoso estudo.

Trinta e dois anos antes, a própria cerimônia *chanoyu* foi exposta a uma das mais arriscadas experiências — a decisão do governo Meiji de classificá-la como "arte performática". Somente uma petição enérgica de Gengensai, meu ascendente de quatro gerações, possibilitou à cerimônia do chá escapar desse rótulo oficial. Desde então, a cerimônia é reconhecida como um caminho de vida.

Não é exagero afirmar que, em matéria de coragem e discernimento, Okakura e Gengensai se igualavam mental e espiritualmente. Uma prova dessas qualidades é o fato de Okakura ter se oposto ao abandono generalizado da cultura tradicional, além de ter visto na *chanoyu* uma conquista cultural comparável ao poderio militar ou à pujança industrial, digna de ser defendida com firmeza por seu valor intrínseco à vida humana.

Sob certos aspectos, Okakura era um candidato improvável ao papel de introdutor da cerimônia do chá no Ocidente. Apesar de ter estudado a cerimônia *chanoyu* em sua juventude, havia poucas evidências de prática cotidiana do *chado* na casa que ele construiu no Japão. Além do mais, sente-se na ironia e na paixão, mal disfarçadas na elegância de seu estilo literário, um ardor mais intenso do que aquele normalmente considerado apropriado para um aposento do chá. Com típica capacidade autocrítica, o próprio Okakura confessa: "Talvez eu denuncie minha própria ignorância a respeito do 'culto do chá' com a minha franqueza." A confissão, sente-se, está longe de ser um pedido de desculpas: para ele, a missão estava clara. Outros livros sobre a *chanoyu* já existiam em inglês, mas os objetivos de Okakura divergiam dos deles. Ao escrever na época em que o Japão obteve o primeiro sucesso militar com o uso de táticas ocidentais, Okakura se encarregou de interpretar a civilização japonesa para o Ocidente. Compondo esta obra acerca da *chanoyu*, ele se preocupava com a pujante corrente de cultura asiática que fluía da Índia para o Ocidente, e também com a potencial contribuição da própria *chanoyu* para a cultura de toda a humanidade. E ao se recusar, intencionalmente ou não, a posar como mestre da *chanoyu*, Okakura talvez tenha se transformado no mais eficiente defensor dessa cerimônia.

Para mim, três elementos no estágio inicial da educação do autor deste *O livro do chá* exerceram papel importante na concepção da obra. O primeiro foi seu contato com ocidentais e sua cultura. Okakura nasceu em 1862, quando o Japão emergia de dois séculos de isolamento do mundo. O comodoro Perry abrira a baía de Tóquio para navios estrangeiros em 1860, e nas proximidades do porto de Yokohama nasceu Okakura.

Seu pai, um samurai de alto escalão no feudo, fora mandado de Fukui para a cidade portuária recém-ativada. Embora tivesse sido por muito tempo simples vila de pescadores,

Yokohama se transformava rapidamente em centro comercial, e tudo indica que a loja Okakura, que comerciava fios de seda, prosperou à custa de numerosos clientes estrangeiros. E nesse meio o jovem Okakura começou a se educar em língua inglesa e também, provavelmente, a aprimorar o traquejo social que mais tarde lhe possibilitaria circular pela sociedade bostoniana com desenvoltura e confiança.

O livro do chá demonstra de maneira eloquente a genialidade linguística de Okakura. O estilo apresenta tamanha desenvoltura que nos faz até suspeitar da ajuda de um inglês nativo, mas não podemos esquecer a avidez japonesa da época por absorver os conhecimentos obtidos no Ocidente. Em 1877, quando a Universidade de Tóquio abriu as portas, Okakura estava entre seus primeiros alunos. A instituição se voltava para o estudo do Ocidente, e as aulas eram dadas em inglês por professores estrangeiros. Mesmo lá, seu domínio da língua inglesa parece ter sido notável, pois ele serviu com frequência de intérprete para os professores.

Considero que o abrangente domínio de épocas e culturas de Okakura — por exemplo, sua classificação dos "impulsos emocionais" por trás dos métodos chineses de preparar o chá como clássico, romântico e naturalista — lançou novas luzes sobre o que existe na base da cultura japonesa.

O segundo elemento importante na educação de Okakura foi o estudo dos clássicos chineses. Embora tenha iniciado aos dez anos de idade o estudo da língua inglesa numa escola particular americana, Okakura não voltou seu olhar apenas para o Ocidente. Dizem que, envergonhado por não ter sido capaz de ler certo anúncio em japonês, ele decidiu estudar os clássicos chineses.[2] Tal decisão, no entanto, de certa maneira também se relaciona com a perda da mãe, a qual adoeceu e morreu quando ele tinha oito anos de idade, fato que deixou marcas profundas em sua vida. Quando o pai se casou pela segunda vez, Okakura foi enviado para um templo budista, onde viveu vários anos. Lá, continuou suas lições de inglês e, simultaneamente, estudou os clássicos chineses sob a orientação do monge residente. O interesse pela cultura religiosa oriental pode ter se desenvolvido nesse período do aprendizado e culminado na percepção da *chanoyu* como uma forma de disciplina espiritual. E, da mesma maneira que nos textos em inglês desse autor, nota-se em seus escritos em japonês certa altivez que reflete a instrução chinesa.

O terceiro elemento básico na educação de Okakura foi seu interesse pelas artes. Ele se iniciou no estudo da pintura japonesa aos quatorze anos, quase à mesma época em que começou a participar de encontros de leitura e de composição de poemas chineses.

---

2. Uma vez que os ideogramas japoneses derivam dos chineses, o estudo dos primeiros deve ter despertado o interesse de Okakura pelos últimos e, consequentemente, pela cultura e pela literatura chinesas. [N.T.]

Essas diferentes facetas de Okakura podem ser notadas em *O livro do chá*, mas será justo dizer que se unificaram quando ele conheceu o professor Ernest Fenollosa. Fenollosa, que é respeitado no Japão por seu papel na preservação da arte japonesa numa época em que esta era pouco apreciada em sua própria terra, juntou-se em 1878 ao corpo docente da Universidade de Tóquio, no cargo de professor auxiliar na cátedra de Filosofia. Tinha vinte e seis anos de idade, e Okakura era um de seus alunos.

Em Tóquio, o interesse de Fenollosa pela arte e pela arquitetura japonesas se aprofundou. Acompanhado de Okakura, que lhe servia de intérprete, frequentava antiquários e galerias coletando objetos de arte japoneses. Com o auxílio de Okakura, que lhe traduzia os textos, estudou a literatura da arte. Assim preparado, Fenollosa começou a dar uma série de palestras sobre a arte japonesa, sempre com a ajuda de Okakura. A parceria entre os dois homens continuou mesmo após a formatura de Okakura. Juntos, trabalharam no sentido de incentivar o governo japonês a tomar medidas para proteger e preservar a arte japonesa; e, quando uma comissão foi formada, ambos foram contratados para estudar e catalogar tesouros artísticos em templos e santuários.

Foi portanto sob a tutela de Fenollosa que Okakura começou a explorar a rica herança artística japonesa, empreitada que perseguiu a vida inteira. Tinha pouco mais de vinte anos de idade quando, em companhia de Fenollosa, supervisionou os monges do templo Horyuji, de Nara, no trabalho de abertura de um santuário lacrado, que acabou revelando uma importante estátua budista de cuja existência ninguém tinha conhecimento e que por duzentos anos ali jazera ignorada. E a preservação dos murais do mesmo templo foi uma das últimas realizações de sua vida.

Por intermédio de Fenollosa, Okakura conheceu vários amigos que posteriormente se tornariam importantes personagens de sua vida na cidade de Boston. Entre eles, William Sturgis Bigelow, o coletor da grande coleção de objetos artísticos japoneses que se transformou em núcleo da coleção asiática do Museu de Belas-Artes de Boston, e a senhora Isabella Stewart Gardner, em cuja casa em Brookline, subúrbio de Boston, Okakura fez a primeira leitura pública de *O livro do chá*.

É fundamental notar que, apesar do seu apreço pelo passado, o interesse de Okakura pela arte não era de forma nenhuma o de um antiquário. Seu interesse era pela "arte viva" de qualquer período. E, ao buscá-la no passado, Okakura viajou para China e Índia, onde se convenceu de que a "Ásia é uma unidade", e de que as diversas culturas asiáticas se uniam nas raízes. Ao mesmo tempo, descobriu que o Japão era um repositório artístico, um "museu da civilização asiática" repleto de tesouros históricos.

Após formar-se na faculdade e ainda na casa dos vinte, Okakura assumiu vários postos no governo japonês relacionados às belas-artes. Foi encarregado da fundação de uma escola pública de arte, e serviu também como curador do Museu Imperial de Belas-Artes. Nesses postos, apoiou ativamente jovens artistas.

Okakura foi forçado a abandonar seus postos governamentais por causa de uma indiscrição cometida aos trinta e seis anos de idade. Fundou então uma escola de arte particular para jovens, mas a escola perdeu vitalidade e Okakura deixou o Japão, indo inicialmente para a Índia e, depois, para os Estados Unidos, em 1904. Ali chegando, aceitou o cargo de consultor para o departamento chinês e japonês do Museu de Belas-Artes de Boston. Desde então, permaneceu em íntima associação com o museu e viajou com frequência à Europa, China, Índia e Japão.

Tudo indica que durante um período de descanso no Japão, em 1905, Okakura tenha começado a esboçar planos e a juntar material para *O livro do chá*. Embora estivesse familiarizado com a prática da cerimônia e com a atmosfera de um aposento do chá, não tinha por objetivo abordar os aspectos concretos da cerimônia *chanoyu*, e sim destacar tradicionais valores e ideais asiáticos pouco aceitos no Ocidente. Procurou assim transmitir a essência da *chanoyu* como forma cristalizada da vida cultural do Oriente. Do mesmo modo que o Japão servia de repositório das tradições históricas da Ásia continental, a *chanoyu* poderia ser vista como uma síntese viva das artes tradicionais.

Entre os elementos da formação educacional de Okakura que contribuíram para tornar abrangente sua visão em *O livro do chá*, havia o envolvimento dele com a arte, e isso se transformou em foco da obra. Ao escolher a *chanoyu* como um símbolo destinado a explicar o conceito de arte asiático, Okakura pode ter seguido os passos dos grandes mestres do chá do passado. Ele afirma que, após o declínio da casa imperial japonesa no período medieval, foram os mestres do chá que registraram, catalogaram e trabalharam no sentido de preservar os tesouros históricos.

Contudo, a experiência de Okakura com o Ocidente lhe deu uma perspectiva que vai além dos limites de uma única escola ou estilo da *chanoyu*. Ao defender a apreciação estética, conseguiu evitar as ciladas do elitismo. Em um trecho particularmente impressionante, que lança uma luz reveladora sobre a prática da cerimônia do chá, Okakura diz que a *chanoyu* "representa o verdadeiro espírito da democracia oriental ao tornar todos os seus adeptos aristocratas do bom gosto". Ele percebia a *chanoyu* como uma forma de cultura espiritual, uma disciplina que se transforma em "arte de vida". A *chanoyu* engloba uma apreciação dos itens mais corriqueiros do cotidiano, e em seu cerne reside uma "geometria moral" que nos mantém cônscios de nosso lugar no grande esquema universal. Nunca se precisou tanto dessa compreensão quanto nos dias atuais.

A compreensão por parte de Okakura da *chanoyu*, que brotou impetuosa de seu vasto conhecimento do chinês, teve suas raízes em valores religiosos budistas, taoístas e confucianos. A arte, nesses termos, se opõe a toda falsidade, avareza e egoísmo. Okakura diz: "Nunca perdoamos aos outros por sabermos que nós mesmos erramos. Cuidamos da consciência porque tememos dizer a verdade aos outros; refugiamo-nos no orgulho porque tememos dizer a verdade a nós mesmos." É nutrindo a sensibilidade estética e moral que o ser humano se aproxima daquilo que é verdadeiro e autêntico em sua existência, e a *chanoyu* evoluiu como um caminho para tal vida.

Em suas tentativas para encontrar uma expressão adequada para essa dimensão da *chanoyu*, Okakura fala de "chaísmo", e de "culto ao chá". Nenhum dos termos é adequado e nenhum deles entrou em uso, pois, apesar de transmitirem o elemento religioso existente no caminho do chá, tais termos o posicionam em plano ocidental. A *chanoyu,* conforme o próprio Okakura explica, está embutida na execução real e na apreciação viva da beleza existente em coisas corriqueiras. Os homens sempre procuraram erguer monumentos imponentes e duradouros à grandiosidade humana, mas Okakura resistiu à impetuosa tendência de sua época rumo à industrialização e ao militarismo e, com audácia e imaginação, compôs um pequeno livro que, ao incorporar o espírito de um encontro para tomar um pouco de chá, continua até hoje a nos revigorar e a nos lembrar de nossa natureza humana.

Portanto, *O livro do chá* continua sendo um ensaio de grande valor não só por nos falar do grau de compreensão que a América tinha do Japão na virada do século XX, como também por ser um lembrete, aliás de imensa importância hoje, de que a beleza das flores não é de maneira nenhuma menos, e sim muito mais necessária à existência humana do que a conveniência ou o conforto material modernos. Nesse sentido, é verdadeiramente um clássico, enraizado com firmeza em seu próprio meio, porém transcendente a seu tempo e cenário.

No encerramento do livro, Okakura evoca de maneira esplêndida a morte de Sen Rikyu, o mestre que levou a *chanoyu* a seu desenvolvimento máximo e cuja herança, passadas quinze gerações, tenho orgulho de assumir atualmente. A morte, diz Okakura, não deve ser rejeitada como simples negação da vida; "apenas aquele que conviveu com o belo é capaz de morrer belamente". Passaram-se quatrocentos anos desde a morte de Rikyu, e, enquanto refletimos sobre o trajeto da *chanoyu* através da história e século XXI adentro, é conveniente voltarmos uma vez mais a este *O livro do chá*.

Hounsai Genshitsu Sen
Kyoto

O livro do chá

A xícara da humanidade

O chá era a princípio um remédio e se transformou em bebida. Na China do século VIII, entrou para o campo da poesia como um entretenimento refinado. O século XV viu o Japão elevá-lo à categoria de religião estética, ou seja, à de "chaísmo". O "chaísmo" é um culto que se fundamenta na veneração da beleza em meio à sordidez dos acontecimentos diários. Incute a pureza e a harmonia, o mistério da caridade mútua, o romantismo da ordem social. É essencialmente a veneração do imperfeito, uma tentativa singela de conquistar o possível em meio a esta coisa impossível que conhecemos como vida.

A filosofia do chá não é simples esteticismo no sentido comum do termo, pois, em conjunto com a ética e a religião, expressa integralmente a nossa opinião a respeito do homem e da natureza. É higiênica porque impõe a limpeza; é econômica por demonstrar mais conforto no simples que no complexo e no caro; é geometria moral pois define nosso senso de proporção em relação ao universo. Representa o verdadeiro espírito da democracia oriental ao tornar todos os seus adeptos aristocratas do bom gosto.

O longo isolamento do Japão do resto do mundo, tão propício à introspecção, foi altamente favorável ao desenvolvimento do "chaísmo". Nossos lares e hábitos, costumes e cozinha, nossa porcelana, laca e pintura — e a própria literatura — tudo sofreu sua influência. Nenhum estudante da cultura japonesa jamais conseguiu ignorar sua presença. O "chaísmo" se impregnou nos elegantes budoares da nobreza e entrou em moradias humildes. Nossos camponeses aprenderam a compor arranjos florais; e nossos mais simples trabalhadores, a oferecer saudações a pedras e à água. No linguajar comum, falamos de homens "sem chá" quando se mostram indiferentes às influências sério-cômicas do drama pessoal. Estigmatizamos muitas vezes o frívolo esteta que, indiferente às tragédias do cotidiano, manifesta-se contudo ruidosamente ao sabor de emoções descontroladas, e dele dizemos que tem "chá demais".

Um estrangeiro pode sem dúvida se espantar com tanto estardalhaço por motivo aparentemente insignificante. Que bela tempestade em copo de chá!, dirá ele. Mas quando consideramos quão pequena é afinal a xícara do prazer humano, quão rápido ela transborda de lágrimas, quão fácil se esgota em nossa sede insaciável por infinitude, deixando apenas borra, não deveríamos nos censurar por darmos tanta importância à xícara de chá. A humanidade já fez pior. No culto a Baco, sacrificamos com excessiva liberalidade; e chegamos até a transfigurar a sangrenta imagem de Marte. Por que então não nos devotaríamos à rainha das camélias[3] e não nos deleitaríamos no caloroso fluxo de compreensão que emana de seu altar? No líquido ambarino contido em porcelana marfínea, o iniciado é capaz de tocar a doce reticência de Confúcio, a malícia de Lao-tsé e o aroma etéreo do próprio Sakyamuni.

Aqueles incapazes de sentir em si mesmos a pequenez das coisas grandiosas tendem a ignorar nos outros a grandiosidade das pequenas coisas. O ocidental comum, em sua branda complacência, verá na cerimônia do chá nada mais que outro dos mil e um exemplos de esquisitices que para ele se constituem em singularidades e infantilidades do Oriente. O ocidental comum se habituou a considerar o Japão como um país bárbaro enquanto este cultivou as suaves artes da paz, mas o classifica como civilizado desde que começou a perpetrar carnificina em massa nos campos de batalha da Manchúria. Muito se comentou nos últimos tempos sobre o Código do Samurai — a arte da morte que leva nossos soldados a exultarem no autossacrifício —;

3. Okakura se refere ao arbusto do chá, o chá-da-índia (*Camellia sinensis*). [N.T.]

mas quase nenhuma atenção foi dada ao "chaísmo", que tão bem representa a nossa arte da vida. De bom grado continuaríamos bárbaros caso nossa pretensão à civilização tivesse de se fundamentar em medonha glória guerreira. De bom grado esperaríamos a chegada do tempo em que o devido respeito será prestado às nossas artes e ideais.

Quando o Ocidente compreenderá ou tentará compreender o Oriente? Nós, os asiáticos, ficamos com frequência consternados com a estranha teia de fatos e fantasias que tem sido tecida a nosso respeito. Somos descritos como seres que vivem do perfume do lótus, quando não de ratos e baratas. Ou é fanatismo inútil ou sensualidade abjeta. A espiritualidade indiana tem sido ridicularizada como ignorância, a sobriedade chinesa como estupidez e o patriotismo japonês como resultado do fatalismo. Dizem até que somos menos sensíveis à dor e ao ferimento em decorrência de certo endurecimento da nossa estrutura nervosa!

Por que não se divertiriam às nossas custas? A Ásia retribui o elogio. Haveria mais assunto para hilaridade se vocês soubessem tudo o que imaginamos e escrevemos a seu respeito. Aí está todo o glamour da perspectiva, toda a inconsciente homenagem do assombro, todo o ressentimento silencioso do novo e do indefinido. Vocês foram cumulados de virtudes por demais requintadas para ser invejados, e acusados de crimes por demais pitorescos para ser condenados. Nossos escritores do passado — gente sagaz que tudo sabia — nos informaram que vocês possuíam bastas caudas ocultas sob a roupa, e que com frequência se fartavam com fricassês de recém-nascidos! Ora, tínhamos algo bem pior contra vocês: costumávamos pensar que eram o povo mais intratável da face da Terra, pois de vocês se dizia que preconizavam o que nunca praticavam.

Tais falsos juízos estão desaparecendo rapidamente entre nós. O comércio tem forçado o uso de línguas europeias em vários portos orientais. Inúmeros jovens asiáticos têm ido para universidades ocidentais para se prover de educação moderna. Nosso discernimento não penetra as profundezas de sua cultura, mas ao menos desejamos aprender. Alguns de meus compatriotas exageraram na adoção de seus costumes e etiquetas, na esperança de que a aquisição de colarinhos engomados e cartolas de seda implicaria a conquista de sua civilização. Patéticas e deploráveis, tais afetações evidenciam nossa vontade de nos aproximarmos de joelhos do Ocidente. Infelizmente, porém, a atitude ocidental é desfavorável à compreensão do Oriente. O missionário cristão vem para dar e não para receber. O conhecimento que vocês possuem baseia-se em inadequadas traduções de nossa imensa literatura, quando não em duvidosas anedotas de viajantes. Raramente a pena galante de um Lafcadio Hearn ou a do autor de *The Web of Indian Life* (A teia da vida indiana) iluminam a escuridão do Oriente com a tocha de nossos próprios sentimentos.

Talvez eu traia minha ignorância sobre o "culto do chá" ao falar com tanta franqueza. O próprio espírito de cortesia do "culto do chá" exige que você diga apenas o que esperam que você diga, nada mais. Mas não pretendo ser um "chaísta" cortês. Tanto mal já aconteceu ao Novo e ao Velho Mundo por incompreensão mútua que ninguém precisa pedir desculpas por oferecer sua pequena contribuição em prol de um melhor entendimento. O começo do século XX teria sido poupado de assistir a um sanguinolento espetáculo bélico caso a Rússia se dignasse a conhecer melhor o Japão. Quantas tristes consequências para a humanidade se ocultam no desdenhoso desconhecimento dos problemas orientais! O imperialismo europeu, que não desdenha de levantar a absurda grita do Perigo Amarelo, não se dá conta de que a Ásia também pode despertar para o sentido cruel do Desastre Branco. Vocês podem rir de nós por termos "chá demais", mas nós não poderíamos suspeitar que vocês do Ocidente "não têm chá" em sua constituição?

Impeçamos os continentes de se lançarem epigramas reciprocamente, e nos tornemos mais tristes e experientes pelo ganho mútuo de metade de um hemisfério. Desenvolvemo-nos seguindo caminhos diferentes, mas não há motivo por que um não possa complementar o outro. Vocês se expandiram à custa de inquietude; nós criamos uma harmonia que se mostra frágil perante a agressão. O Oriente

— acreditam? — está em melhor situação que o Ocidente em alguns aspectos!

Curiosamente, a humanidade tem até agora se encontrado numa xícara de chá. É o único ritual asiático que merece o apreço de todos. O homem branco escarnece de nossa religião e de nossos costumes, mas aceita a bebida marrom sem hesitar. O chá da tarde exerce hoje importante função na sociedade ocidental. No tilintar delicado de bandejas e pires, no roçagar suave da hospitalidade feminina, na série de perguntas formais em torno do leite e do açúcar, percebemos que a "veneração ao chá" está inquestionavelmente estabelecida. A resignação filosófica do convidado ao destino que o aguarda na decocção ambígua proclama que nesse único exemplo o espírito oriental reina supremo.

Diz-se que o primeiro registro europeu concernente ao chá foi encontrado na declaração de um viajante árabe, segundo a qual, depois do ano 879, as principais fontes de renda do Cantão eram os impostos sobre o sal e o chá. Marco Polo relata a destituição de um ministro das finanças chinês em 1285 por ter aumentado arbitrariamente o imposto sobre o chá. Foi no período das grandes descobertas que o povo europeu começou a conhecer melhor o Extremo Oriente. No final do século XVI, os holandeses trouxeram notícias de uma certa bebida agradável que se fazia no Oriente a partir das folhas de um arbusto. Os viajantes Giovanni Batista Ramusio (1559), L. Almeida

(1576), Maffeno (1588), Tareira (1610) também mencionaram o chá. No último dos anos acima citados, navios da Companhia Holandesa das Índias Orientais trouxeram o primeiro carregamento de chá para a Europa. O chá se tornou conhecido na França em 1636, e alcançou a Rússia em 1638. A Inglaterra o acolheu de braços abertos em 1650 e dele disse: "Esta excelente bebida chinesa aprovada por todos os médicos, e chamada de *tcha* pelos chineses e *tay* por outras nações, é também conhecida como *tee*."

Como todas as coisas boas do mundo, a propaganda do chá enfrentou oposição. Hereges como Henry Saville (1678) denunciaram que bebê-lo era um hábito asqueroso. Jonas Hanway (*Essay on Tea*, 1756) disse que, ao consumir o chá, os homens pareciam perder estatura moral e decoro, e as mulheres, beleza. Seu custo inicial (cerca de 15 ou 16 *shillings* por libra) impediu o consumo popular e o transformou em "regalia para dispendiosos tratamentos médicos e entretenimentos, e em presente para príncipes e nobres". A despeito desses contratempos, o hábito de tomar chá se espalhou com impressionante rapidez. Cafeterias na Londres da primeira metade do século XVIII se tornaram, de fato, casas de chá, redutos de intelectuais como Addison e Steele, que se distraíam em companhia de uma "chávena de chá". A bebida logo se transformou em necessidade vital — ou seja, em substância tributável. Isso nos lembra de sua importância na história moderna. A América colonial se submeteu à opressão até que a humana paciência desmoronou ante os pesados tributos impostos sobre o chá. A independência dos Estados Unidos remonta ao dia em que caixas de chá foram jogadas nas águas do porto de Boston.

Existe um charme sutil no gosto do chá que o torna irresistível e passível de idealizações. Humoristas ocidentais não demoraram a mesclar a fragrância de seus pensamentos ao aroma do chá. Este não tem a arrogância do vinho, a autoconsciência do café, nem a frívola inocência do cacau. Já em 1711, diz o *Spectator*: "Portanto, eu particularmente recomendaria estas minhas conjecturas a todas as famílias regradas que reservam uma hora toda manhã para o chá, o pão e a manteiga; e as aconselharia seriamente a mandar, para o bem delas, que este periódico seja pontualmente fornecido e considerado como parte do serviço de chá." Samuel Johnson se descreve como "um empedernido e despudorado bebedor de chá que, por vinte anos, diluiu suas refeições só com a infusão dessa planta fascinante; que com o chá se entreteve à tarde, com o chá se confortou à meia-noite e com o chá acolheu a manhã".

Charles Lamb, devoto assumido, exprimiu o sentido real do "chaísmo" ao escrever que seu maior prazer era o de fazer uma boa ação às escondidas e vê-la descoberta por acaso. Pois o "chaísmo" é a arte de esconder a beleza para que você possa descobri-la, de sugerir o que você não ousa revelar. É o nobre segredo de rir de si mesmo, de maneira calma porém consumada; é o próprio humor — o sorriso da filosofia. Nesse sentido, todos os humoristas genuínos podem ser chamados de filósofos do chá — Thackeray, por exemplo, e, claro, Shakespeare. Os poetas da Decadência (e quando é que o mundo não esteve em decadência?), em seus protestos contra o materialismo, também abriram, até certo ponto, caminho para o "chaísmo". Hoje, talvez seja na séria contemplação do Imperfeito que o Ocidente e o Oriente se encontrem e se consolem mutuamente.

Os taoístas relatam que, no grandioso começo do sem começo, Espírito e Matéria travaram um combate mortal. Finalmente, o imperador amarelo, o sol celeste, triunfou sobre *Shuhyung*, o demônio da escuridão e da terra. O titã, em sua agonia mortal, bateu a cabeça contra a abóbada solar e estilhaçou a redoma de jade azul. As estrelas perderam seus ninhos, a lua vagou sem rumo pelos tumultuados abismos da noite. Em desespero, o imperador amarelo procurou por toda parte o restaurador dos céus. Sua busca não foi vã. Do mar oriental, ergueu-se uma rainha, a divina Niuka, ostentando coroa de chifres e cauda de dragão, resplandecente em sua armadura de fogo. Ela fundiu o arco-íris de cinco cores em seu caldeirão mágico e reconstruiu o céu chinês. Mas dizem também que Niuka se esqueceu de preencher duas pequenas fissuras no firmamento azul. E assim teve início o dualismo amoroso — duas almas que vagam pelo espaço sem descanso até se unirem para completar o universo. Todos têm de reconstruir seu próprio céu de esperança e paz.

O céu da humanidade moderna está realmente estilhaçado pela ciclópica batalha de busca por riqueza e poder. O mundo tateia nas sombras do egoísmo e da vulgaridade. O conhecimento é comprado por má consciência, e a bondade é praticada a bem da utilidade. O Oriente e o Ocidente, como dois dragões lançados em mar tumultuado, em vão tentam reconquistar a joia da vida. Precisamos uma vez mais de uma Niuka para reparar a grande devastação; estamos à espera do grande avatar. Enquanto isso, vamos tomar um gole de chá. O fulgor vespertino ilumina bambus, fontes borbulham com alegria, e o sussurrar dos pinheiros se faz ouvir em nossa chaleira. Vamos sonhar com o efêmero, e demoremo-nos um pouco mais na formosa tolice das coisas.

As escolas do chá

O chá é uma obra de arte e necessita de uma mão magistral para revelar suas qualidades mais nobres. Existem chás bons e ruins, assim como há pinturas boas e medíocres — estas geralmente em maior número. Não há uma receita única para se preparar o chá perfeito, da mesma maneira que não há regras para se produzir um Ticiano ou um Sesson.[4] Cada preparado das folhas tem sua individualidade, sua afinidade específica com a água e o calor, memórias hereditárias a relembrar, e seu próprio método de contar uma história. O verdadeiramente belo deve estar sempre nele. Quanto não sofremos pela constante falha da sociedade em reconhecer essa simples e fundamental lei de arte e vida. Lichihlai, um poeta da dinastia Sung,

4. Sesson Shukei (1504-1589): artista japonês, considerado o melhor do gênero *suiboku* (aquarela japonesa) de pintura. [N.T.]

observou com tristeza que havia três coisas extremamente deploráveis no mundo: estragar jovens promissores em decorrência de uma educação incorreta, degradar pinturas de qualidade pela admiração vulgar e desperdiçar totalmente um bom chá por manipulação incompetente.

Do mesmo modo que a arte, o chá tem seus períodos e escolas. Grosso modo, sua evolução pode ser dividida em três estágios principais: do chá fervido, do chá batido e do chá em infusão. Nós, da geração moderna, pertencemos à última escola. Esses diferentes métodos de apreciar a bebida indicam o espírito da época em que prevaleceram. Pois a vida é uma expressão, e nossos atos inconscientes são a constante traição de nossos pensamentos mais íntimos. Confúcio disse que "*o homem não se esconde*". Talvez nos revelemos em demasia nas pequenas coisas por termos tão pouco das grandes para ocultar. Minúsculos incidentes da rotina diária constituem-se em comentários de ideais raciais tanto quanto os mais elaborados arroubos filosóficos ou poéticos. Da mesma maneira que as diferenças na preferência de vinhos finos marcam distintas idiossincrasias de diferentes períodos e nacionalidades europeias, também os ideais do chá caracterizam os diversos humores da cultura oriental. O chá em barra, fervido, o chá em pó, batido, e o chá em folha, infundido, marcam impulsos emocionais distintivos das dinastias chinesas Tang, Sung e Ming. Caso quiséssemos tomar de empréstimo a já desgastada terminologia de classificação artística, poderíamos designar as escolas do chá como clássica, romântica e naturalista respectivamente.

A planta do chá, nativa do sul da China, era desde a Antiguidade conhecida da botânica e da medicina chinesas. Ela é referida nos clássicos sob várias denominações — *tou*, *tseh*, *chung*, *kha* e *ming* — e foi muito apreciada por possuir as virtudes de aliviar o cansaço, deleitar a alma, fortalecer a vontade e restaurar a visão. Era não só administrada em doses orais, como também com frequência aplicada topicamente em forma de pasta para aliviar dores reumáticas. Os taoístas sustentavam que a planta era um ingrediente importante do elixir da imortalidade. Os budistas a usavam costumeiramente para prevenir a sonolência durante as longas horas de meditação.

Por volta dos séculos IV e V, o chá se tornou a bebida favorita dos habitantes do vale do Yangtsé Kiang. Foi aproximadamente nessa época que os chineses cunharam o moderno ideograma *cha*, uma óbvia corruptela do clássico *tou*. Os poetas das dinastias meridionais nos deixaram alguns fragmentos de sua ardorosa veneração pela "espuma de jade líquido". Imperadores costumavam conceder alguns preparados raros dessas folhas aos ministros mais importantes como recompensa por eminentes serviços. Nesse estágio, porém, o método de tomar chá era extremamente primitivo. As folhas eram preparadas ao vapor, trituradas num pilão, aglutinadas e cozidas com arroz, gengibre, sal, casca de laranja, condimentos, leite e, algumas vezes, cebola! O costume se mantém até hoje entre tibetanos e diversas tribos mongólicas, os quais produzem um curioso xarope desses ingredientes. O uso de fatias de limão pelos russos, que aprenderam a tomar o chá com caravaneiros chineses, indica a sobrevivência do método antigo.

Foi necessária a genialidade da dinastia Tang para emancipar o chá de seu estado bruto e conduzi-lo à idealização final. Nosso primeiro apóstolo do chá, Luwuh, surgiu na metade do século VIII. Ele nasceu numa época em que budismo, taoísmo e confucionismo buscavam uma síntese. O simbolismo panteísta da época demandava que se espelhasse o universal no particular. Luwuh, um poeta, viu no serviço do chá a mesma harmonia e ordem que reinava sobre todas as coisas. Em seu famoso trabalho *Chaking* (A sagrada escritura do chá), ele formulou o Código do Chá. Desde então, o poeta vem sendo cultuado como a divindade tutelar dos mercadores de chá chineses.

O *Chaking* é composto de três volumes e dez capítulos. No primeiro capítulo, Luwuh trata da natureza do chá como planta; no segundo, das ferramentas para colher as folhas; e no terceiro, da seleção das folhas. De acordo com ele, as folhas de melhor qualidade devem apresentar "rugas como as existentes em botas de couro dos cavaleiros tártaros, ondulações como as da papada de um boi poderoso; e também expandir como a névoa que se ergue da ravina, cintilar como um lago tocado por zéfiros, e ser úmido e macio como terra de boa qualidade recém-molhada pela chuva".

O quarto capítulo é devotado à enumeração e descrição dos 24 componentes do equipamento do chá, começando pelo braseiro em tripé e terminando no armário de bambu destinado a acondicionar todos os utensílios. Aqui, notamos a predileção de Luwuh pelo simbolismo taoísta. Nesse sentido, é também interessante notar a influência do chá na cerâmica chinesa. A porcelana celestial[5], como é sabido, teve sua origem na tentativa de reproduzir a delicada tonalidade do jade, tentativa que, na dinastia Tang, resultou no azul vítreo sulista e no branco vítreo nortista. Luwuh considerou a cor azul ideal para a xícara do chá por emprestar uma tonalidade verde adicional à bebida, enquanto o branco lhe dava um aspecto rosado e desagradável. Isso acontecia porque Luwuh usava o chá em barra. Posteriormente, quando os mestres do chá do período Sung tomaram gosto pelo chá em pó, passaram a preferir as pesadas tigelas de escura tonalidade azul ou marrom. Os Mings, com seu chá infundido, deleitavam-se com as delicadas porcelanas brancas.

No quinto capítulo, Luwuh descreve o método de preparação do chá. Ele exclui todos os ingredientes, exceto o sal. Alonga-se também na questão cansativamente discutida

---

5. Celestial: diz-se do antigo império chinês. [N.T.]

da escolha da água e do grau de sua fervura. Segundo Luwuh, a água das nascentes de montanhas é a melhor, seguida pela de rios e fontes, por ordem de excelência. São três os estágios de fervura: no primeiro, pequenas bolhas semelhantes a olhos de peixes nadam na superfície; no segundo, as bolhas se tornam semelhantes a gotas de cristal que rolam de uma fonte; no terceiro, ondas impetuosas avolumam-se na chaleira. O chá em barra é torrado diante do fogo até se tornar macio como o braço de um bebê, e depois triturado entre folhas de papel de boa qualidade até se transformar em pó. O sal é adicionado no primeiro estágio da fervura e o chá, no segundo. No terceiro estágio, uma concha de água fria é vertida na chaleira para assentar o chá e reviver a "juventude da água". Em seguida, a bebida é servida em xícaras e tomada. Ó néctar! As diáfanas folhinhas pairam como nuvens escamadas em céu sereno ou flutuam como nenúfares em regato esmeralda. Sobre esse tipo de bebida, Lotung, poeta da dinastia Tang, escreveu: "A primeira xícara umedece meus lábios e garganta, a segunda rompe minha solidão, a terceira vasculha minhas entranhas estéreis só para nelas encontrar cerca de cinco mil volumes de estranhos ideogramas. A quarta xícara provoca leve transpiração — todos os males da vida vazam pelos poros. Na quinta, estou purificado; a sexta me chama para o reino dos imortais. A sétima — ah, não consigo beber mais! Sinto apenas um sopro de brisa fresca se erguendo em minhas mangas. Onde está Horaisan?[6] Deixe-me cavalgar essa doce brisa e vogar ao léu."

Os capítulos restantes do *Chaking* tratam da vulgaridade dos métodos comuns de tomar chá, de um sumário histórico de ilustres bebedores de chá, de famosas plantações da China, de variações possíveis dos serviços do chá e de ilustrações de utensílios para a cerimônia. O último capítulo, infelizmente, se perdeu.

Na época, o surgimento do *Chaking* deve ter provocado considerável sensação. Luwuh era amigo do Imperador Taisung (763–779), e sua fama atraiu muitos seguidores. Alguns entendidos, dizia-se, conseguiam distinguir o chá feito por Luwuh daquele feito por seus discípulos. Um mandarim teve o nome imortalizado por haver fracassado em apreciar o chá desse grande mestre. Na dinastia Sung, o chá batido tornou-se moda e criou a segunda escola de chá. As folhas eram moídas e reduzidas a pó fino num pequeno triturador de pedra, e o preparado era batido em água quente com um delicado batedor feito de bambu fendido. O novo processo provocou mudanças no equipamento do chá de Luwuh, assim como na escolha das folhas. O sal foi descartado para sempre. O entusiasmo do povo da dinastia Sung não conheceu limites. Epicuristas competiam

6. Horaisan: montanha inacessível, o reino da felicidade inatingível para os mortais. [N.T.]

entre si acirradamente na tentativa de descobrir novas variedades, e torneios eram periodicamente organizados para sagrar as superiores. O imperador Kiasung (1101–1124), artista por demais refinado para ser um monarca comportado, esbanjou seus bens para obter espécies raras. Ele próprio escreveu uma dissertação sobre as vinte variedades de chá, dentre as quais destaca a qualidade do "chá branco" como a mais rara e delicada.

O chá ideal dos Sungs diferia do chá dos Tangs da mesma maneira como diferiam suas noções de vida. Eles procuraram pôr em prática o que seus predecessores tentaram simbolizar. Para a mente neoconfuciana, a lei cósmica não se refletia no mundo fenomenal, mas o mundo fenomenal era a própria lei cósmica. O eterno eram apenas momentos — nirvana, sempre ao alcance da mão. A concepção taoísta de que a imortalidade está na eterna mutação permeou todas as modalidades do seu pensamento. O processo, e não o ato, era interessante. Completar, e não o completo, era verdadeiramente vital. Dessa maneira, o homem se viu sem demora frente a frente com a natureza. Um novo sentido germinou na arte da vida. O chá começou a ser não mais mero passatempo poético, mas um método de autocompreensão. Wangyucheng louvou o chá como algo "que lhe inunda a alma em forma de apelo direto, e cujo delicado amargor lembrava o sabor remanescente de um bom conselho". Sotumpa descreveu a pureza imaculada no chá como uma força que desafia a corrupção tanto quanto um homem verdadeiramente virtuoso. Entre os budistas, a seita zen sulista, que incorporou tantos aspectos da doutrina taoísta, formulou um elaborado ritual do chá. Os monges se reuniam perante a imagem de Bodhi Dharma e, com a formalidade profunda de um sacramento, bebiam o chá de uma única tigela. E foi esse ritual zen que se transformou na cerimônia do chá japonesa no século XV.

Infelizmente, o repentino ímpeto das tribos mongóis do século XIII, que resultou na devastação da China e na conquista deste país pelo regime bárbaro dos imperadores Yuen, destruiu todos os frutos da cultura Sung. A dinastia nativa dos Mings, que tentou renacionalizar o país na metade do século XV, foi fustigada por problemas internos e, no século XVII, a China caiu outra vez sob o regime estrangeiro dos manchus. Usos e costumes mudaram e não deixaram vestígios dos tempos anteriores. O chá em pó é completamente esquecido. Encontramos um comentarista da era Ming totalmente perdido no esforço de se lembrar que forma tinha o batedor de chá mencionado numa das obras clássicas da dinastia Sung. O chá agora é tomado em infusão, ou seja, mergulhando-se as folhas em tigela ou xícara de água fervente. A razão pela qual o Ocidente desconhece os métodos mais antigos de se tomar o chá é explicada pelo fato de a Europa tê-lo apenas conhecido no final da dinastia Ming.

Para o chinês dos últimos tempos, o chá é uma bebida deliciosa, mas não um ideal. Os longos períodos de sofrimento pelos quais seu país passou arrebataram dele o gosto pela vida. Ele se tornou moderno, ou seja, velho e desiludido. Perdeu aquela fé sublime nos sonhos, fé que se constitui em fonte de eterna juventude e de vigor para poetas e antigos. Ele é eclético e aceita educadamente as tradições do universo. Brinca com a natureza, mas não se digna a conquistá-la ou cultuá-la. Seu chá de folhas, de aroma semelhante ao da flor, é geralmente maravilhoso, mas em suas xícaras não se acha o romantismo dos cerimoniais Tang e Sung.

O Japão, que acompanhou passo a passo a civilização chinesa, conheceu o chá em seus três estágios. Sabemos por leituras que, já a partir do ano 729, o imperador Shomu serviu chá a cem monges em seu palácio, em Nara. As folhas foram provavelmente importadas por nossos embaixadores na corte Tang e preparadas de acordo com o estilo então em voga. Em 801, o monge Saicho retornou com algumas sementes e as plantou em Eisan. Nos séculos subsequentes, tem-se notícia de diversos jardins de chá, assim como do deleite da aristocracia e do clero com a bebida. O chá Sung nos alcançou em 1191, com o retorno de Eisaizenji, que fora à China estudar a escola Zen sulista. As novas sementes que ele trouxe para casa foram plantadas com sucesso em três regiões, uma das quais, a do distrito de Uji nas cercanias de Kyoto, ainda hoje tem a fama de produzir o melhor chá do mundo. O zen sulista se espalhou com espantosa rapidez e, com ele, o ritual e o ideal do chá da dinastia Sung. No século XV, sob a tutela do xogum Ashikaga Yoshimasa, a cerimônia do chá é integralmente constituída e transformada em atuação secular independente. Desde então, o "chaísmo" se estabeleceu no Japão em toda a sua plenitude. O uso do chá infundido, mais tarde em voga na China, é comparativamente recente entre nós e tornou-se conhecido apenas a partir da metade do século XVII. Substituiu o chá em pó no consumo cotidiano, apesar deste último ainda manter o posto de chá dos chás.

É na cerimônia japonesa do chá que vemos a culminância dos ideais do chá. Nossa bem-sucedida resistência à invasão mongol em 1281 nos permitiu levar avante o movimento Sung, interrompido de forma tão desastrada na própria China pela invasão dos nômades. Para nós, o chá tornou-se mais que uma idealização da forma de beber; é uma religião da arte da vida. A bebida passou a ser uma desculpa para o culto à pureza e ao requinte, uma função sagrada na qual anfitrião e conviva se uniam para produzir, para essa ocasião, a máxima bem-aventurança mundana. O aposento do chá era um oásis no monótono deserto da existência, um lugar onde viajantes exaustos podiam se encontrar para beber dessa fonte comunitária que é a apreciação da arte. A cerimônia era um drama improvisado cuja trama era tecida em torno do chá, das flores e das pinturas.

Não permitir que nenhuma cor confundisse a tonalidade do aposento, nenhum som quebrasse o ritmo das coisas, nenhum gesto se intrometesse na harmonia, nenhuma palavra quebrasse a unidade do ambiente, mas empenhar-se para que todos os movimentos fossem executados de maneira simples e natural — tais eram os objetivos da cerimônia do chá. E, embora possa parecer estranho, eram alcançados com frequência. Há uma filosofia sutil por trás de tudo isso. Chaísmo era taoísmo disfarçado.

O taoísmo e o zen

A relação do zen com o chá é proverbial. Comentamos anteriormente que a cerimônia do chá evoluiu do ritual zen. O nome de Lao-tsé, fundador do taoísmo, também está intimamente associado à história do chá. Num compêndio escolar chinês concernente à origem dos hábitos e costumes, consta que a cerimônia de oferecimento do chá para uma visita começou com um conhecido discípulo de Lao-tsé, Kwanyin, o qual, à entrada do Passo de Han, presenteou o "Velho Filósofo" com uma xícara do elixir dourado. Não iremos discutir a autenticidade dessas lendas, apesar de serem valiosas, pois confirmam o uso primitivo da bebida por taoístas. Aqui, o nosso interesse no taoísmo e no zen se restringe principalmente às ideias concernentes à vida e à arte, as quais estão intimamente incorporadas naquilo a que chamamos de "chaísmo".

É lamentável que até agora, e a despeito de diversas tentativas louváveis, tudo indique não ter havido nenhuma apresentação adequada das doutrinas zen e taoísta em nenhuma língua estrangeira.

A tradução é sempre uma traição e, como observa um autor da dinastia Ming, pode na melhor das hipóteses ser o reverso de um brocado — todos os fios estão ali, mas não a sutileza da cor ou do desenho. Mas, afinal, que importante doutrina existe que possa ser facilmente exposta? Os sábios da Antiguidade nunca apresentavam seus ensinamentos de forma sistemática. Expressavam-se por meio de paradoxos, pois temiam dizer meias-verdades. Começavam a falar como tolos e acabavam tornando sábios seus ouvintes. O próprio Lao-tsé diz com seu humor singular: "Se pessoas de inteligência inferior ouvem falar do tao, riem desmedidamente. Se não rissem, não seria o tao."

Tao significa literalmente "caminho". O termo tem sido distintivamente traduzido como "a maneira", "o absoluto", "a lei", "a natureza", "a razão suprema" e "o modo". Essas traduções não estão incorretas pois o uso do termo pelos taoístas difere de acordo com o assunto em questão. O próprio Lao-tsé assim falou a esse respeito: "Existe algo que tudo contém, que nasceu antes da existência do céu e da terra. Quanto silêncio! Que solidão! Apresenta-se só e é imutável. Gira sem perigo para si próprio e é a mãe do universo. Não sei seu nome, de modo que o chamo de 'caminho'. Com relutância o chamo de 'infinito'. A infinitude é fugacidade, fugacidade é evanescência, evanescência é reversão."

O tao está antes na passagem que no caminho. É o espírito da alteração cósmica — o eterno crescimento que volta sobre si mesmo para produzir novas formas. Ele se retrai como um dragão, o amado símbolo dos taoístas. Encolhe e se expande como as nuvens. O tao pode ser referido como a grande transição. Subjetivamente, é o humor do universo. Seu absoluto é o relativo.

Devemos nos lembrar, antes de mais nada, que o taoísmo, assim como o zen, seu legítimo sucessor, representa a tendência individualista da mentalidade chinesa do sul em contraposição ao comunismo da China nortista, cuja expressão é o confucionismo. O Império do Meio é tão vasto quanto a Europa e apresenta diferença idiossincrática marcada por dois grandes sistemas fluviais que o cruzam. O Yangtsé Kiang e o Hoang Ho são, respectivamente, o Mediterrâneo e o Báltico. Ainda hoje, a despeito de séculos de unificação, os chineses do sul diferem em pensamentos e em crenças de seus irmãos do norte, da mesma maneira como as raças latinas diferem das teutônicas. Na Antiguidade, quando a comunicação era ainda mais difícil do que hoje em dia, e especialmente durante o período feudal, essa diferença no modo de pensar era mais acentuada. A arte e a poesia dos primeiros respiram ares completamente distintos dos segundos. Em Lao-tsé e seus seguidores, e em Kutsugen, o precursor dos poetas da natureza do Yangtsé Kiang, encontramos um idealismo nitidamente inconsistente com as prosaicas concepções éticas dos escritores nortistas, seus contemporâneos. Lao-tsé viveu cinco séculos antes da era cristã.

O germe da especulação taoísta pode ser encontrado muito antes do advento de Lao-tsé, cognominado Orelha Comprida (burro). Registros arcaicos da China, especialmente *O Livro das Mutações*, prefiguram seu pensamento. Mas o grande respeito pelas leis e costumes desse clássico período da civilização chinesa, o qual culminou com o estabelecimento da dinastia Chow no século XII a.C., manteve por um longo período o desenvolvimento do individualismo sob controle, de modo que este só conseguiu desabrochar no esplendor do pensamento livre após a desintegração da dinastia Chow e o estabelecimento de inúmeros reinos independentes. Lao-tsé e Soshi (Chuang-tsé) eram ambos sulistas e os maiores expoentes da Nova Escola. Por outro lado, Confúcio e seus numerosos discípulos visaram manter as convenções ancestrais. O taoísmo não pode ser entendido sem algum conhecimento do confucionismo, e vice-versa.

Dissemos que o absoluto taoísta era o relativo. Na ética, os taoístas verberaram os códigos legais e morais da sociedade, pois para eles o certo e o errado eram termos relativos. Definição é sempre uma limitação — "fixo" e "imutável" são apenas termos que expressam interrupção de crescimento. Kutsugen disse: "Os sábios movem o mundo." Nossos padrões de moralidade tiveram origem em necessidades passadas da sociedade, mas a sociedade tem de permanecer sempre a mesma? A observância das tradições comunais envolve constante sacrifício do indivíduo em favor do Estado. A educação, como meio para alimentar a grande ilusão, encoraja uma espécie de ignorância. As pessoas não são ensinadas a serem realmente virtuosas, mas a se comportar com propriedade. Somos maus porque temos assustadora autoconsciência. Nunca perdoamos os outros por saber que nós mesmos erramos. Cuidamos da consciência porque tememos dizer a verdade aos outros; refugiamo-nos no orgulho porque tememos dizer a verdade a nós mesmos. Como pode alguém ser sério com o mundo quando o próprio mundo é tão ridículo! O espírito da barganha está em toda parte. Honra e castidade! Vejam o mercador presunçoso vendendo o bem e a verdade no varejo. Pode-se até comprar aquilo que chamamos de religião, que na verdade é apenas moralidade comum santificada com flores e música. Roubem da Igreja seus acessórios e o que resta? Não obstante, cartéis vicejam, pois os preços são absurdamente baratos — uma oração por uma passagem para o paraíso, um diploma por uma cidadania honrada. Oculte seu próprio mérito, pois, caso sua utilidade real se torne conhecida, aquele que der o lance mais alto o arrematará em hasta pública. Por que homens e mulheres gostam de se autopromover? Não seria apenas instinto derivado do tempo da escravatura?

O vigor da ideia repousa não tanto em seu poder de abrir caminho pelo pensamento contemporâneo como em sua capacidade de dominar movimentos subsequentes. O taoísmo era uma força ativa durante a dinastia Shin, época da unificação chinesa, da qual deriva o nome China. Seria interessante, caso tivéssemos tempo, atentar para sua influência sobre pensadores contemporâneos, matemáticos, escritores de textos sobre lei e guerra, místicos e alquimistas, e os recentes poetas da natureza do Yangtsé Kiang. Não devíamos ignorar nem os especuladores da realidade, que ficavam em dúvida se o cavalo branco é real por ser branco ou por ser sólido, tampouco os conversadores das Seis Dinastias, que, como os filósofos zen, deleitavam-se em debater o puro e o abstrato. Acima de tudo devíamos homenagear o taoísmo por seu trabalho na formação do caráter celestial, por lhe conferir certa capacidade de reserva e fineza "quente como o jade". A história chinesa está cheia de episódios em que partidários do taoísmo, fossem eles príncipes ou eremitas, seguiram os ensinamentos de seu credo com resultados variados e interessantes. A história não deve ficar sem sua cota de instrução e entretenimento. Deverá ser rica em anedotas, alegorias e aforismos. De bom grado conversaríamos com o maravilhoso imperador que nunca morreu porque nunca viveu. Podemos cavalgar o vento em companhia de Liehtsé e considerar a experiência totalmente silenciosa porque nós mesmos somos o vento, ou ainda morar em pleno ar com o velho Hoang Ho, que viveu entre o céu e a terra por não se sujeitar nem a um nem a outro. Mesmo nesta apologia grotesca do taoísmo que encontramos na China de hoje podemos nos deleitar com uma riqueza de imagens impossível de ser encontrada em qualquer outro culto.

Mas a principal contribuição do taoísmo para a vida asiática tem sido no campo da estética. Historiadores chineses sempre se referiram ao taoísmo como a "arte de estar no mundo", pois o taoísmo lida com o presente — nós mesmos. É em nós que Deus encontra a natureza, e o ontem se aparta do amanhã. O presente é a infinitude movente, a esfera legítima do relativo. A relatividade busca ajustamento; ajustamento é arte. A arte da vida repousa num constante reajustamento ao nosso meio. O taoísmo aceita o mundano conforme é e, diferentemente dos confucianos e dos budistas, tenta encontrar beleza em nosso mundo de angústia e inquietude. A alegoria Sung dos "três provadores de vinagre" explica de maneira admirável a tendência das três doutrinas. Certo dia, Sakyamuni, Confúcio e Lao-tsé viram-se diante de uma jarra de vinagre — o símbolo da vida — e cada um molhou os dedos no líquido fermentado para prová-lo. O prosaico Confúcio achou que era azedo, Buda disse que era amargo e Lao-tsé declarou que era doce.

Os taoístas afirmavam que a comédia da vida podia se tornar mais interessante caso todos preservassem as unidades. Manter a proporção das coisas e dar lugar a outros sem perder a própria posição era o segredo do sucesso no teatro mundano. Temos de conhecer a peça inteira para interpretar nossos papéis de maneira apropriada; o conceito da totalidade não deve nunca ser perdido no individual. Lao-tsé ilustra isso por intermédio de sua metáfora preferida, a do vácuo. Ele afirmou que só no vácuo está o verdadeiramente essencial. A realidade de um aposento, por exemplo, se encontra no espaço vazio circundado por teto e paredes, não no teto e nas paredes em si. A utilidade de um jarro de água está no vazio onde a água pode ser posta, não na forma do jarro ou no material de que ele é feito. O vácuo é todo poderoso porque tudo contém. Só no vácuo o movimento se torna possível. Aquele que fizer de si mesmo um vácuo, no qual outros possam entrar livremente, se tornará dono de todas as situações. O todo sempre pode dominar a parte.

Essas ideias taoístas exerceram profunda influência em todas as nossas teorias de ação, até mesmo nas de esgrima e de luta corporal. Jiu-jitsu, a arte japonesa de autodefesa, deve seu nome a uma passagem em Taoteiking. No jiu-jitsu, o lutador procura extrair e exaurir a força do oponente pela não resistência — vácuo — enquanto conserva a própria força necessária à vitória no embate final. Na arte, a importância do mesmo princípio é ilustrada pelo valor da sugestão. Ao deixar algo não dito, é concedida ao observador a oportunidade de completar a ideia; desse modo, uma grande obra-prima prende sua atenção até você ter a impressão de ser realmente parte da obra. O vácuo está ali para que você possa entrar e preenchê-lo completamente com sua emoção estética.

Aquele que dominava a arte de viver era o verdadeiro homem taoísta. Ao nascer, ele entra no reino dos sonhos apenas para despertar para a realidade na morte. Tempera o próprio brilho de modo a se fundir na obscuridade alheia. Ele "reluta como quem cruza um riacho no inverno; hesita como quem teme a vizinhança; é respeitoso como um convidado; trêmulo como gelo prestes a derreter; despretensioso como um pedaço de madeira por entalhar; vazio como um vale; disforme como águas revoltas". Para ele, as três joias da vida são piedade, parcimônia e modéstia.

Se voltarmos agora nossa atenção para o zen, descobriremos que este dá ênfase aos ensinamentos do taoísmo. O nome zen deriva do termo sânscrito Dhyana, que significa meditação. Afirma que por intermédio de devota meditação pode-se atingir a suprema autocompreensão. A meditação é um dos seis caminhos pelos quais se pode atingir o estado búdico, e os sectários do zen afirmam que Sakyamuni, em seus ensinamentos finais, depositou importância especial nesse método, cujas regras ele transmitiu a Kashiapa, seu primeiro discípulo. De acordo com a tradição deles, Kashiapa, o primeiro patriarca zen, transmitiu o segredo a Ananda, que por sua vez o passou a sucessivos patriarcas até chegar a Bodhi Dharma, o vigésimo oitavo.

Bodhi Dharma veio para o norte da China no começo do século VI e foi o primeiro patriarca do zen chinês. Paira muita incerteza sobre a história desses patriarcas e de suas doutrinas. No aspecto filosófico, o zen primitivo parece ter afinidade, por um lado, com o negativismo indiano de Nagarjuna e, por outro, com a filosofia Gnan formulada por Sancharacharya. O primeiro ensinamento zen, conforme o conhecemos hoje, deve ser atribuído ao sexto patriarca chinês, Eno (637–713), fundador do zen sulista, assim chamado por ter predominado no sul da China. Segue-o de perto o magnífico Baso (morto em 788), que fez do zen uma influência viva na vida celestial. Hyakujo (719–814), o discípulo de Baso, foi o primeiro a instituir um monastério zen e a estabelecer ritual e regras para sua administração. Nos debates da escola zen posteriores à época de Baso, a ação da mentalidade Yangtsé Kiang provocou uma ascensão das modalidades nativas de pensamento, em contraste com o idealismo indiano anterior. Embora o orgulho sectário possa levá-los a negar, o fato é que não podemos deixar de nos impressionar com a semelhança entre o zen sulista, os ensinamentos de Lao-tsé e os conversadores taoístas. Em Taoteiking, já encontramos alusões sobre a importância da autoconcentração e a necessidade de regular a respiração de maneira apropriada — pontos essenciais na prática da meditação zen. Alguns dos melhores comentários a respeito do livro de Lao-tsé foram escritos por eruditos zen.

O zen, assim como o taoísmo, é o culto da relatividade. Um mestre define o zen como a arte de sentir a estrela polar no céu meridional. A verdade pode ser alcançada somente pela compreensão dos opostos. Mais uma vez, o zen, à semelhança do taoísmo, é um forte defensor do individualismo. Nada é real exceto aquilo que se relaciona com o funcionamento de nossas próprias mentes. Eno, o sexto patriarca, viu certa vez dois monges observando a bandeira de um pagode tremulando ao vento. Um deles disse: "É o vento que se move"; o outro disse: "É a bandeira que se move." Mas Eno explicou-lhes que o verdadeiro movimento não era nem do vento nem da bandeira, mas de algo no interior de suas próprias mentes. Hyakujo caminhava por uma floresta com um discípulo quando uma lebre saiu correndo à aproximação deles. "Por que a lebre foge de você?", perguntou Hyakujo. "Porque ela está com medo de mim", foi a resposta. "Não", disse o mestre, "é porque você tem instinto assassino." Esse diálogo evoca outro, de Soshi (Chuang-tsé), o taoísta. Certo dia Soshi caminhava à margem de um rio com um amigo. "Como os peixes se divertem na água!", exclamou Soshi. Seu amigo assim lhe respondeu: "Você não é peixe; como sabe que os peixes estão se divertindo?" "Pois você não é eu", replicou Soshi; "Como sabe que eu não sei que os peixes estão se divertindo?"

O zen muitas vezes se opunha aos preceitos do budismo ortodoxo, da mesma maneira que o taoísmo se opunha ao confucionismo. Na visão introspectiva transcendental do zen, as palavras eram apenas um estorvo para o pensamento; toda a força das escrituras budistas constituía-se em simples comentários sobre especulações pessoais. Os seguidores do zen visavam comunhão direta com a natureza íntima das coisas, e consideravam seus acessórios externos simples empecilhos à visão clara da verdade. Foi esse amor pelo abstrato que levou o zen a preferir esboços em preto e branco às elaboradas pinturas coloridas da escola clássica budista. Parte do zen até se tornou iconoclástica em decorrência do empenho deles em reconhecer Buda neles mesmos, e não em imagens e no simbolismo. Num dia frio de inverno, encontramos Tanka-osho quebrando uma estátua de madeira de Buda para fazer fogo. "Que sacrilégio!", disse um transeunte horrorizado. "Quero tirar *shali* (ossos que restam após a cremação de um corpo) destas cinzas", replicou o monge zen com calma. "Mas você com certeza não vai obter *shali* desta imagem!", foi a resposta raivosa, ao que Tanka retrucou: "Se não vou, isto com certeza não é um Buda e não estou cometendo sacrilégio nenhum." E então, ele se voltou para se aquecer ao fogo.

Uma contribuição especial do zen para o pensamento ocidental foi o reconhecimento de que o mundano tem a mesma importância do espiritual. Na monumental relação das coisas, não existia distinção entre o pequeno e o grande, um átomo e o universo possuem idênticas possibilidades. Aquele que busca a perfeição deve descobrir em sua própria vida o reflexo de sua luz íntima. Vista por essa perspectiva, a organização de um monastério zen era muito significativa. Para todos os membros, excetuando o abade, eram atribuídas tarefas especiais nos cuidados com o monastério. Curiosamente, aos noviços eram designadas as tarefas mais leves, enquanto aos monges mais respeitados e graduados eram atribuídas as tarefas mais cansativas e desprezíveis. Tais serviços eram parte da disciplina zen, e todos os atos, por mais simples que fossem, deviam ser realizados com absoluta perfeição. Assim, muitos debates importantes surgiam enquanto limpavam as ervas daninhas do jardim, descascavam nabo ou serviam chá. Todo o ideal do "chaísmo" resulta desse conceito zen de grandeza nos menores acontecimentos da vida. O taoísmo forneceu a base para os ideais estéticos, e o zen possibilitou sua prática.

O aposento da cerimônia do chá

Para arquitetos europeus educados na tradição das construções de pedra e tijolo, o método japonês de construir com madeira e bambu parece pouco digno de ser considerado arquitetura. Foi só em tempos recentes que um competente estudante de arquitetura ocidental reconheceu e louvou a extraordinária perfeição de nossos grandes templos. Se isso acontece com relação a nossa arquitetura clássica, dificilmente poderíamos esperar que estrangeiros apreciassem a beleza sutil de um aposento destinado à cerimônia do chá, já que seus princípios de construção e de decoração diferem totalmente dos ocidentais.

O aposento do chá (*sukiya*) não tem a pretensão de ser nada mais que uma simples cabana — uma choça de palha, conforme a chamamos. Os ideogramas originais do termo *sukiya* significam "morada do gosto".[7] Posteriormente,

7. Nesse caso, gosto no sentido de predileção. [N.T.]

diversos mestres "chaístas" substituíram vários caracteres chineses para conciliá-los com suas próprias concepções do aposento, e a partir de então o termo *sukiya* pôde significar "morada do vazio", ou "morada assimétrica". A morada é do gosto por ser uma estrutura efêmera, construída para abrigar um impulso poético. É do vazio por ser desprovida de ornamentos, exceto por aquilo que nela pode ser posto para satisfazer uma momentânea necessidade estética. A morada é assimétrica por ser consagrada ao culto do imperfeito, que intencionalmente deixa algo inacabado para a imaginação completar. Desde o século XVI, os ideais do "chaísmo" influenciam a nossa arquitetura, de tal maneira que o interior de uma construção japonesa comum chega a parecer hoje quase árido ao olhar estrangeiro por conta do esquema decorativo extremamente simples e casto.

O primeiro aposento do chá independente foi uma criação de Sen-no-Soeki, comumente conhecido por seu nome posterior, Rikyu, o maior de todos os mestres "chaístas". No século XVI, sob a tutela do então xogum Toyotomi Hideyoshi, cognominado Taiko, Rikyu instituiu e elevou as formalidades da cerimônia do chá a um alto grau de perfeição. As proporções do aposento do chá tinham sido anteriormente determinadas por Joo, famoso mestre do chá do século XV. Primitivamente, o aposento da cerimônia do chá era apenas um espaço da sala de visitas separado por biombos com o propósito de reunir as pessoas para o chá. O espaço assim formado era conhecido como *kakoi* (cercado), nome que ainda designa aposentos do chá construídos no interior de uma casa, ou seja, construções não independentes. Um *sukiya* é constituído pelo aposento cerimonial propriamente dito, destinado a acomodar não mais que cinco pessoas, número que evoca o dito "mais que as Graças e menos que as Musas"; uma ante-sala (*mizuya*), onde os utensílios do chá são lavados e arrumados antes de ser trazidos para dentro; um alpendre (*machiai*), no qual os convidados aguardam até ser convidados a entrar no aposento cerimonial; e uma aleia no jardim (*roji*), que conecta o *machiai* ao aposento cerimonial. A aparência do aposento é simples. É menor que a menor das residências japonesas, e o material empregado na sua construção foi planejado para sugerir pobreza refinada. Contudo, devemos nos lembrar que tudo isso é resultado de profunda reflexão artística, e que os detalhes talvez tenham sido elaborados com um cuidado ainda maior que aquele dispensado na construção dos mais ricos palácios e templos. Um bom aposento cerimonial é mais caro que mansões comuns, pois a seleção dos materiais, assim como do trabalho artesanal, requer imenso cuidado e precisão. Realmente, os carpinteiros empregados pelos mestres do chá formam uma classe distinta e altamente respeitada entre os artesãos, e seu trabalho é tão delicado quanto o dos fabricantes de armários laqueados.

O aposento do chá não só difere de qualquer produto arquitetônico ocidental, como também contrasta de forma marcante com a própria arquitetura clássica japonesa. Até pelo seu tamanho, nossas antigas e nobres construções, sejam elas seculares ou eclesiásticas, não podem ser menosprezadas. As poucas que foram poupadas dos calamitosos incêndios ocorridos no decorrer de séculos ainda nos maravilham pela magnificência e riqueza de sua decoração. Gigantescos pilares de madeira com sessenta centímetros a um metro de diâmetro e com mais de dez metros de altura, apoiados em complexa rede de suportes, enormes vigas que rangiam sob o peso de tetos inclinados cobertos de telhas. O material e o estilo de construção, embora não resistentes ao fogo, revelaram-se capazes de suportar terremotos e adequados às condições climáticas do país. O salão dourado do templo Horyuji e o pagode do Yakushiji são notáveis exemplos de durabilidade de nossa arquitetura de madeira. Essas edificações vêm se mantendo intactas por aproximadamente doze séculos. O interior de templos e de palácios antigos era profusamente decorado. No templo Hoodo de Uji, que data do século X, ainda podemos ver o elaborado dossel e os baldaquinos dourados, multicoloridos e incrustados de espelhos e madrepérola, bem como vestígios de pinturas e esculturas que outrora cobriam suas paredes. Em Nikko e no castelo Nijo de Kyoto, construídos em épocas posteriores, vemos que a beleza estrutural foi sacrificada em prol de uma opulenta ornamentação, a qual aliás se iguala no colorido e no requinte dos detalhes à mais bela obra árabe e moura.

A simplicidade e a pureza dos aposentos cerimoniais resultaram da emulação com o monastério zen. O monastério zen difere do de outras seitas budistas por ser apenas uma moradia para monges. Seu santuário não é um local destinado ao culto ou à peregrinação, mas um aposento institucional onde estudantes se congregam para debater e praticar meditação. O aposento é desguarnecido, exceto por um nicho central, no qual se vê, atrás do altar, uma estátua de Bodhi Dharma, o fundador da seita, ou de Sakyamuni assistido por Kashiapa e Ananda, os primeiros patriarcas zen. No altar, flores e incenso são oferecidos em memória às importantes contribuições ao zen feitas por esses sábios. Como já dissemos anteriormente, o que assentou os fundamentos da cerimônia do chá foi o ritual instituído pelos monges zen, ritual esse em que, um a um e diante da imagem de Bodhi Dharma, tomavam o chá contido numa tigela. Podemos acrescentar aqui que o altar de um santuário zen foi o protótipo do nicho *tokonoma* — o lugar de honra de um aposento japonês, onde pinturas e flores são colocadas para a edificação dos convidados.

Todos os nossos grandes mestres "chaístas" estudaram o zen e tentaram introduzir o espírito zen nos fatos do cotidiano. Consequentemente, tanto o aposento como os apetrechos da cerimônia do chá refletem diversas doutrinas zen. O tamanho do aposento cerimonial ortodoxo, de quatro tatames e meio, ou seja, de cerca de três metros quadrados, é determinado por uma passagem no sutra de Vikramadytia. Nessa interessante obra, Vikramadytia saúda o santo Manjushiri e oitenta e quatro mil discípulos de Buda reunidos em um aposento desse tamanho, numa alegórica referência à teoria da inexistência de espaço para os verdadeiramente iluminados. Da mesma maneira, *roji*, a aleia que corta o jardim e que conduz do alpendre (*machiai*) ao aposento cerimonial, simbolizou o primeiro estágio da meditação — a passagem para a autoiluminação. A aleia (*roji*) foi planejada para quebrar a conexão com o mundo externo e para produzir uma sensação de frescor apropriada à indução do gozo estético pleno no interior do aposento do chá. Aquele que palmilhar essa passagem do jardim jamais se esquecerá da maneira como seu espírito se elevou sobre pensamentos corriqueiros no momento em que, em meio à penumbra projetada pela folhagem das sempre-vivas, pisou lajotas de harmoniosa irregularidade rodeadas de agulhas secas de pinheiro e, em seguida, passou por lanternas de granito cobertas de musgo. Você pode estar no meio de uma cidade e ainda assim se sentir numa floresta, distante da poeira e do bulício da civilização. Grande foi a engenhosidade dos mestres do chá ao produzir esse efeito de serenidade e pureza. A natureza das sensações despertadas ao passar por uma *roji* variava de acordo com os diferentes mestres "chaístas". Alguns, como Rikyu, visaram solidão absoluta, e asseguravam que o segredo da construção de uma *roji* estava contido neste antigo poema:

Olhei além;
Flores não há
Nem folhas tingidas.
Na areia da praia,
Só uma cabana solitária
À luz vacilante
Do anoitecer de outono.

Outros, como Kobori Enshu, buscaram um efeito diferente. Enshu disse que a ideia da aleia no jardim se encontrava nos seguintes versos[8]:

Um grupo de árvores no verão,
Um pouco de mar,
E uma lua pálida ao anoitecer.

Não é difícil entender seu significado. Ele quis criar o ponto de vista de um espírito recém-desperto que ainda

8. Traduzido diretamente do poema original japonês: *Lua vespertina/ E uma nesga de mar avisto/ Por entre o arvoredo.* [N.T.]

hesita em meio à penumbra onírica do passado, mas que se banha na doce inconsciência de uma branda luz espiritual e anseia pela liberdade que se estende no espaço mais adiante.

Assim preparado, o conviva se aproximará silenciosamente do santuário e, se for um samurai, deixará a espada no suporte sob o beiral, pois o aposento da cerimônia do chá é eminentemente a casa da paz. Ele então se curvará e rastejará para dentro da sala por uma pequena porta de não mais que um metro de altura. Todos os convidados — altos ou baixos — tinham de se sujeitar a esse procedimento, que objetivava incutir-lhes a humildade. Estabelecida a ordem de precedência, mutuamente acordada entre os convivas enquanto aguardavam no alpendre (*machiai*), eles deverão entrar um a um, silenciosamente, e tomar seus lugares, prestando antes de mais nada homenagem à pintura ou arranjo floral no nicho *tokonoma*. O anfitrião não entrará na sala até que todos os convidados tenham se sentado e a calma se estabeleça, o silêncio sendo quebrado apenas pelo murmúrio da água que ferve na chaleira de ferro. A chaleira sinaliza com eficiência, pois peças de ferro são arranjadas em sua base de maneira a produzir uma melodia peculiar, na qual se torna possível ouvir ecos abafados de uma catarata, de um mar distante quebrando sobre rochas, de uma tempestade varrendo o bambuzal ou ainda o sussurrar de pinheiros no topo de uma longínqua montanha.

Mesmo durante o dia, a luz no aposento é mortiça, pois o beiral baixo do teto oblíquo admite pouca claridade. Do teto ao chão, tudo tem tonalidade sóbria; os próprios convidados escolheram cuidadosamente roupas de cor discreta. A brandura de coisas envelhecidas está em tudo, e tudo que sugere aquisição recente foi banido, exceto por uma única nota contrastante: a concha de bambu e o guardanapo de linho, ambos imaculadamente brancos e novos. Embora o aposento e os apetrechos de chá possam parecer descorados, tudo está absolutamente limpo. Nem um grão de pó será encontrado no canto mais escuro, pois caso isso aconteça, o anfitrião não será um mestre do chá. Um dos primeiros requisitos de um mestre é o conhecimento de como varrer, limpar e lavar, pois existe uma arte no limpar e no tirar o pó. Uma peça de metal antiga não deve ser atacada com o zelo inescrupuloso de uma dona de casa holandesa. A água que goteja de um vaso de flores não precisa ser enxugada, pois pode sugerir orvalho ou frescor.

Nesse sentido, existe um episódio que ilustra bem os ideais de limpeza buscados por mestres do chá. Rikyu observava seu filho Shoan, que varria e regava a aleia. “Não está limpo o bastante”, disse Rikyu quando Shoan terminou a tarefa, e lhe pediu para tentar de novo. Após uma hora cansativa, o filho se voltou para Rikyu: “Pai, não há mais nada a fazer. As lajes foram lavadas pela terceira vez, as lanternas de pedra e as árvores estão bem espargidas com água, musgos e liquens brilham com verdor renovado; não deixei nenhum galho, nenhuma folha caída no chão." "Jovem tolo", ralhou o mestre, "não é desse modo que se varre uma aleia." Assim dizendo, Rikyu entrou no jardim, sacudiu uma árvore e espalhou sobre o caminho folhas douradas e rubras, retalhos do brocado do outono! O que Rikyu exigia não era só limpeza, mas também o belo e o natural.

O nome "morada do gosto" implica uma estrutura criada para satisfazer algum tipo de necessidade artística individual. O aposento da cerimônia do chá é feito para o mestre, e não o mestre para o aposento. Não almeja posteridade e, portanto, é efêmera. A ideia de que todos devem ter sua própria casa baseia-se num antigo costume dos japoneses: por uma superstição da religião xintoísta, toda moradia tinha de ser desocupada depois da morte do ocupante principal. Por trás dessa prática talvez houvesse alguma razão sanitária incompreensível. Outro hábito antigo era o de atribuir uma casa recém-construída para cada par que se casasse. Por conta desses hábitos, na Antiguidade as capitais imperiais mudavam de lugar com frequência. A reconstrução a cada vinte anos do Templo de Ise, o supremo santuário da deusa do sol, é exemplo de um desses rituais antigos que perduram até hoje. A observância desses costumes só se tornou possível graças ao nosso sistema arquitetônico, que previa construções de madeira capazes de ser facilmente montadas ou desmontadas. Um estilo mais duradouro, que utilizasse tijolo e pedra, tornaria impraticáveis as migrações, como realmente se tornaram quando adotamos, após o período Nara, construções chinesas mais estáveis e maiores.

Com a predominância do individualismo zen no século XV, no entanto, essa antiga ideia se imbuiu de um significado mais profundo em conexão com o aposento do chá. O zen, com sua teoria budista da efemeridade e sua busca pelo domínio do espírito sobre a matéria, aceitou a casa apenas como um refúgio temporário para o corpo. O corpo em si era somente uma cabana no ermo, um abrigo frágil que se faz amarrando hastes de gramíneas que crescem por toda parte — e, quando as amarras se dissolviam, as hastes se decompunham no ermo original. No aposento do chá, a fugacidade é sugerida no telhado colmado, a fragilidade, nos pilares esguios, a leveza, nos suportes de bambu, e a aparente negligência, no uso de materiais comuns. O eterno é encontrado apenas no espírito, que, materializado nesse ambiente simples, o embeleza com a luz sutil da sua elegância.

A ideia de que o aposento da cerimônia do chá deve ser construído de modo a se adaptar a algum tipo de gosto individual é uma imposição do princípio da vitalidade na arte. A arte, para ser plenamente apreciada, deve ser fiel à vida contemporânea. Não significa que devemos ignorar os reclamos da posteridade, mas que devemos apreciar mais o presente. Não significa que devemos desconsiderar as criações do passado, mas que devemos tentar assimilá-las em nosso consciente. A conformidade servil às tradições e fórmulas restringe a expressão da individualidade na arquitetura. Só podemos lamentar essas irracionais imitações de edifícios europeus que se veem no Japão moderno. Surpresos, indagamo-nos por que a arquitetura nas mais progressivas nações ocidentais é tão destituída de originalidade, tão repleta de repetições de estilos antiquados. Talvez estejamos passando agora por uma era de democratização da arte, à espera do surgimento de um mestre maravilhoso capaz de estabelecer uma nova dinastia. Deveríamos adorar mais os clássicos e copiá-los menos! Diz-se que os gregos eram magníficos porque nunca copiaram os antigos.

O termo "morada do vazio", além de transmitir a teoria taoísta de algo que tudo contém, envolve o conceito de uma necessidade continuada de mudança dos motivos decorativos. O aposento do chá é totalmente vazio, exceto por algum item que nele pode ser colocado temporariamente para satisfazer algum tipo de inclinação estética. Um objeto de arte especial é trazido para a ocasião, e tudo o mais é escolhido e arrumado para realçar a beleza do tema principal. Não podemos ouvir diferentes peças musicais ao mesmo tempo, pois a compreensão real da beleza só se torna possível quando concentramos a atenção num motivo central. Destarte, vemos que o sistema decorativo de nossos aposentos de chá se opõe àquilo que prevalece no Ocidente, onde o interior de uma casa é geralmente transformado num museu. Para um japonês, habituado à simplicidade em matéria de ornamentação assim como à frequente mudança de métodos decorativos, o interior ocidental pemanentemente repleto de uma vasta série de pinturas, estátuas e bricabraques dá a impressão de mera e vulgar ostentação de riqueza. Mesmo uma obra-prima demandaria impressionante dose de capacidade apreciativa caso a víssemos constantemente, e sem dúvida ilimitada teria de ser a sensibilidade artística daqueles que vivem dia após dia em meio à confusão de cores e formas que frequentemente encontramos em casas europeias e americanas.

A "morada da assimetria" sugere outra fase de nosso esquema decorativo. A ausência de simetria em objetos de arte japoneses tem sido comentada com frequência por críticos ocidentais. Isso também é o resultado de uma elaboração zen de ideais taoístas. O confucionismo, com sua concepção dualista profundamente arraigada, e o budismo sulista, com seu culto à trindade, não se opuseram de maneira nenhuma à expressão da simetria. Na verdade, se estudarmos os bronzes da China antiga ou as artes religiosas da dinastia Tang e do período Nara, constataremos a existência de um contínuo esforço em busca de simetria. A decoração clássica de nossos interiores era um arranjo decididamente simétrico. A concepção taoísta e zen de perfeição, contudo, era diferente. A natureza dinâmica dessas filosofias depositava mais ênfase no processo por intermédio do qual a perfeição era buscada do que na própria perfeição. A verdadeira beleza podia apenas ser descoberta por aquele que completasse mentalmente o incompleto. O vigor da vida e da arte repousa nas suas possibilidades de crescimento. No aposento do chá, fica a cargo de cada conviva completar o efeito total em relação a si mesmo através da imaginação. Desde que o zen se tornou a corrente de pensamento predominante, a arte do Extremo Oriente evitou intencionalmente a simetria por considerá-la expressão não somente de completude, como também de repetição. A uniformidade de um desenho era considerada fatal para o viço da imaginação. Assim, paisagens, pássaros e flores tornaram-se temas favoritos de pinturas em detrimento da figura humana, e esta última está presente apenas na pessoa do próprio observador. Já nos destacamos em demasia e, malgrado nossa vaidade, até mesmo a autoadmiração tende a se tornar monótona.

No aposento do chá, o temor da repetição é presença constante. Os diversos objetos de decoração devem ser selecionados de modo que nenhuma cor ou desenho seja repetido. Se você tem uma flor viva no aposento, uma pintura de flores não é admissível. Se você usa uma chaleira redonda, o jarro de água deve ser angular. Uma xícara preta brilhante não deve ser associada a uma caixa de chá de laquê preto. Ao posicionar um vaso ou incensório no nicho *tokonoma*, devemos tomar o cuidado de não colocá-lo exatamente no centro para evitar a divisão do espaço em duas partes iguais. A madeira do pilar do nicho *tokonoma* deve ser diferente da dos demais pilares, de modo a quebrar qualquer sugestão de monotonia no interior do aposento.

Aqui, o método japonês de decoração de interiores difere mais uma vez do ocidental, no qual vemos objetos simetricamente dispostos sobre consolos de lareiras e em toda parte. Em casas ocidentais, confrontamo-nos com frequência com algo que nos parece reiteração inútil. Com isso nos deparamos quando tentamos conversar com um homem enquanto, por trás dele, seu retrato de corpo inteiro nos contempla. Perguntamo-nos então qual é real, o homem do quadro ou o que fala, e sentimos a curiosa convicção de que um deles deve ser falso. Quantas vezes nos sentamos a uma mesa de banquete e contemplamos, com um secreto sobressalto prejudicial à nossa digestão, a representação da fartura nas paredes da sala de jantar? Qual o sentido desses retratos de vítimas da caça e do esporte, dessas elaboradas esculturas de peixes e frutas? Por que a exibição de pratos da família a nos lembrar aqueles que comeram e que agora estão mortos?

A simplicidade do aposento do chá e sua insubordinação à vulgaridade o transformam num verdadeiro refúgio contra as vicissitudes do mundo externo. Ali, e somente ali, podemos nos consagrar à imperturbada adoração da beleza. No século XVI, o aposento do chá proporcionou trégua muito bem-vinda ao labor de guerreiros ferozes e estadistas engajados na unificação e na reconstrução do Japão. No século XVII, o desenvolvimento do formalismo rigoroso do governo Tokugawa ofereceu a única oportunidade possível para a livre comunhão de espíritos artísticos. Diante de uma importante obra de arte, não havia distinção entre senhor feudal, samurai e cidadão comum. Hoje, o industrialismo dificulta cada vez mais a verdadeira expressão do refinamento no mundo inteiro. Mais que nunca, não estaríamos necessitando do aposento do chá?

A apreciação da arte

Você conhece a lenda taoísta “A domesticação da harpa”?

Há muitos, muitos anos, erguia-se na ravina de Lungmen uma imponente árvore *kiri*[9], verdadeira rainha da floresta. A árvore erguia a cabeça para falar com as estrelas, e as espirais bronzeadas de suas raízes profundamente cravadas na terra misturavam-se às do dragão prateado que dormia mais abaixo. Um dia, um poderoso mago fez dessa árvore uma maravilhosa harpa, cujo espírito rebelde só seria domado pelo melhor dos músicos. Por muito tempo, o instrumento foi conservado como um tesouro pelo imperador da China, mas foram vãos todos os esforços dos que sucessivamente tentaram extrair uma melodia de suas

9. Kiri: designação comum às árvores do gênero *paulównia*, nativas do leste da Ásia e cultivadas como ornamentais. [N.T.]

cordas. Em resposta aos mais ingentes esforços, da harpa vinham apenas ásperas notas de desprezo que destoavam das canções que os músicos cantariam com tanto prazer. A harpa recusava-se a reconhecer seu mestre.

Por fim surgiu Peiwoh, o príncipe dos harpistas. Com mãos carinhosas, acariciou a harpa como quem acalma um cavalo selvagem, e suavemente tangeu suas cordas. Cantou a natureza e as estações do ano, as soberbas montanhas e as quedas d'água, e todas as lembranças da árvore despertaram! Uma vez mais, o doce hálito da primavera brincou em seus galhos. As jovens cataratas dançaram ravina abaixo e riram para as flores em botão. Logo, sonhadoras vozes de verão se fizeram ouvir na miríade de insetos, no suave gotejar da chuva, no lamento do cuco. Ouçam! O tigre ruge — e o vale responde. É outono; na noite deserta, a lua, cortante como uma espada, brilha sobre a relva coberta de gelo. Agora, reina o inverno e, no ar repleto de neve, giram cisnes em revoada e o granizo estrondeia sobre a ramagem com feroz prazer.

Então, Peiwoh mudou de tom e cantou o amor. A floresta se agitou como um amante perdido em ardentes pensamentos. No alto, uma nuvem correu brilhante e clara como uma altiva donzela; mas, ao passar, arrastou sobre o solo extensas sombras, negras como o desespero. O tom mudou outra vez; Peiwoh cantou a guerra, o entrechocar do aço e o tropel de corcéis. E na harpa despertou a tempestade de Lungmen, o dragão cavalgou o relâmpago, a avalanche rolou montanha abaixo estrondeando. Em êxtase, o monarca chinês perguntou a Peiwoh qual era o segredo de sua vitória. "Senhor," respondeu este, "os outros falharam porque cantaram somente a si próprios. Eu deixei que a harpa escolhesse o tema, e não sei direito se a harpa era Peiwoh, ou Peiwoh, a harpa."

Essa história ilustra muito bem o mistério da apreciação artística. A obra-prima é uma sinfonia tocada em nossos mais requintados sentimentos. A verdadeira arte é Peiwoh, e nós somos a harpa de Lungmen. Ao toque mágico do belo, as cordas secretas do nosso ser são despertadas, e nós vibramos e nos excitamos em resposta ao chamado. Mente fala à mente. Ouvimos o que não foi dito, contemplamos o invisível. O mestre desperta notas que desconhecemos. Lembranças há muito esquecidas retornam com um novo significado. Esperanças sufocadas pelo medo, desejos que não ousamos reconhecer apresentam-se revestidos de nova glória. Nossa mente é uma tela sobre a qual artistas espalham as cores; os pigmentos são nossas emoções: o claro-escuro, a luz da alegria e a sombra da tristeza. A obra-prima é tão nossa quanto nós somos da obra-prima.

A comunhão mental solidária, necessária à apreciação artística, deve se basear em concessão mútua. O espectador deve cultivar uma atitude apropriada à recepção da mensagem, do mesmo modo que o artista deve saber comunicá-la.

O mestre do chá Kobori Enshu, ele próprio um senhor feudal, deixou-nos estas memoráveis palavras: "Aproximai-vos de uma magnífica pintura como se vos aproximásseis de um poderoso príncipe." Para entender uma obra-prima, você deve se pôr em posição subalterna e, com respiração contida, esperar seu mais tênue pronunciamento. Um eminente crítico Sung fez certa vez uma encantadora confissão. Disse ele: "Em minha juventude, louvei os mestre de cujas pinturas gostei, mas conforme meu julgamento amadurecia, passei a louvar a mim mesmo por gostar daquilo que os mestres acharam por bem fazer-me gostar." É uma pena que tão poucos de nós realmente se deem ao trabalho de estudar o estado de espírito dos mestres. Em nossa obstinada ignorância, recusamo-nos a lhes conceder essa simples cortesia, e assim com frequência perdemos o belo repasto estendido diante de nossos próprios olhos. Um mestre tem sempre algo a oferecer, enquanto nós passamos fome apenas por falta de capacidade apreciativa.

Para entendedores, uma obra-prima se torna uma realidade viva para a qual se sentem atraídos por laços de camaradagem. Os mestres são imortais, pois seus amores e medos revivem em nós repetidas vezes. O que nos atrai é muito mais a alma que a mão, o homem que a técnica — e quanto mais humano for o apelo, mais profunda será nossa resposta. É por causa deste secreto entendimento entre o mestre e nós mesmos que sofremos e nos regozijamos com o herói ou a heroína da poesia ou do romance. Chikamatsu, o Shakespeare japonês, estabeleceu como um dos princípios primordiais da composição dramática a importância de o autor ganhar a confiança do público. Diversos de seus discípulos submeteram peças à sua aprovação, mas apenas uma lhe agradou. A peça apresentava certa semelhança com *A comédia dos erros*, na qual irmãos gêmeos sofrem em decorrência de erros de identidade. "Isto", disse Chikamatsu, "tem o espírito apropriado do drama, pois leva o público em consideração. Ao público é permitido saber mais que os atores. O público sabe onde está o erro, e tem pena dos pobres personagens no palco, que, inocentes, correm ao encontro do seu destino."

Os grandes mestres, tanto do Ocidente quanto do Oriente, nunca esqueceram o valor da sugestão como meio de estabelecer relação de cumplicidade com o espectador. Quem é capaz de contemplar uma obra-prima sem se maravilhar com a imensidão de pensamentos que se apresenta à nossa consideração? Como são íntimas e compreensivas todas elas; e como são frias, em contraste, as banalidades modernas! Nas primeiras, somos capazes de sentir a cálida efusão de um coração humano; nas últimas, apenas uma saudação formal. Absorto em sua própria técnica, o moderno raramente se eleva acima de si mesmo. Como os músicos que em vão invocaram a harpa de Lungmen, ele canta apenas a si. Seus trabalhos podem estar mais próximos da ciência, mas se distanciam da humanidade. No Japão, temos um velho ditado que diz: uma mulher não consegue amar um homem realmente vão, pois no coração deste não há brechas por onde o amor possa penetrar e preencher. Nas artes, a vaidade, tanto da parte do artista quanto do público, é igualmente fatal para a compreensão.

Nada é mais sagrado que a união de espíritos irmanados na arte. No momento do encontro, o amante da arte transcende a si mesmo. Imediatamente, ele é e não é. Ele vislumbra o infinito, mas não consegue transformar em palavras o seu encanto, pois o olho não tem língua. Livre do grilhão da matéria, seu espírito se move de acordo com o ritmo das coisas. Assim, a arte se assemelha à religião e enobrece a humanidade. É isso que transforma uma obra-prima em algo sagrado. Antigamente, era profunda a veneração que os japoneses tinham pelo trabalho de um grande artista. Os mestres do chá guardavam seus tesouros com sigilo religioso e muitas vezes era preciso abrir uma série de caixas, umas dentro de outras, antes de se atingir o santuário — o envoltório de seda entre cujas suaves dobras jaz a relíquia. Raramente o objeto era exposto; caso fosse, seria apenas para o iniciado.

Nos tempos em que o "chaísmo" estava em ascendência, os generais do xogum Toyotomi Hideyoshi, cognominado Taiko, sentiam-se mais satisfeitos quando presenteados com um raro trabalho artístico, como prêmio pela vitória, que com grandes extensões territoriais. Muitos de nossos dramas favoritos baseiam-se em situação de perda e recuperação de famosas obras-primas. Em uma delas, por exemplo, o palácio do senhor Hosokawa, que abrigava a célebre pintura *Darma*, de Sesson, repentinamente se incendeia por negligência do samurai encarregado. Resolvido a salvar a preciosa pintura a todo custo, ele corre para dentro da construção em chamas e apanha a pintura em rolo (*kakemono*), mas encontra todos os caminhos de fuga bloqueados pelo fogo. Pensando apenas na pintura, ele rasga e abre o próprio corpo com sua espada, envolve a pintura de Sesson na manga que destaca do quimono e mergulha o pacote no ferimento aberto. O fogo é finalmente extinto. Entre os fumegantes restos do incêndio é então encontrado um corpo meio carbonizado, no interior do qual repousa o tesouro, intocado pelo fogo. Horríveis como são tais histórias, ilustram o grande valor que atribuímos a uma obra-prima, assim como a devoção de um samurai digno de confiança.

Devemos nos lembrar, contudo, que a arte é valiosa apenas na medida em que ela fale conosco. A linguagem pode ser universal se nós próprios formos universais em nossas simpatias. Nossa natureza finita, a força da tradição e do formalismo, assim como nossos instintos hereditários limitam nossa capacidade de apreciar a arte. Em certo sentido, nossa própria individualidade estabelece um limite à nossa compreensão; e nossa personalidade estética busca suas próprias afinidades nas criações do passado. É verdade que, ao ser cultivado, nosso senso de apreciação artística se expande e nos tornamos capazes de apreciar muitas expressões de beleza não reconhecidas até então. Mas, afinal, vemos apenas nossa própria imagem no universo — nossas idiossincrasias ditam o modo de nossas percepções. Os mestres do chá colecionaram apenas objetos que couberam rigidamente dentro do limite de sua apreciação individual.

Nesse aspecto, vem-nos à mente uma história que envolve Kobori Enshu. Seus discípulos o cumprimentaram pelo gosto admirável na escolha de sua coleção. Eles lhe disseram: "Cada peça foi escolhida de tal maneira que ninguém pode deixar de admirá-la. Mostra que o senhor tem gosto mais apurado que Rikyu, pois a coleção deste só podia ser apreciada por um observador em mil." Pesaroso, Enshu respondeu: "Isso só prova como sou banal. O grande Rikyu ousou amar apenas os objetos que lhe agradavam, enquanto eu, inconscientemente, atendo ao gosto da maioria. Na verdade, Rikyu foi um em mil dentre os mestres do chá."

É muito lamentável que tanto do aparente entusiasmo pelas artes nos dias de hoje não se fundamente em sentimentos reais. Nesta nossa era democrática, os homens clamam por aquilo que é popularmente considerado o melhor, independente de seus sentimentos. Querem o caro, não o refinado; o que está na moda, não o belo. Para as massas, a contemplação de periódicos ilustrados, digno produto do próprio industrialismo, proporcionaria mais alimento para o prazer artístico do que os italianos antigos ou os mestres do período Ashikaga, aos quais fingem admirar. Para eles, o nome do artista é mais importante que a qualidade da obra. Conforme se queixou certo crítico chinês séculos atrás, "as pessoas criticam uma pintura de ouvido". Essa falta de apreciação genuína é responsável pelos horrores pseudo-clássicos que nos saúdam para onde quer que nos voltemos.

Outro erro comum é confundir arte com arqueologia. A veneração à antiguidade é um dos melhores traços do caráter humano, e bem faríamos em cultivá-lo mais profundamente. Os velhos mestres devem ser devidamente honrados por abrir caminho para futura inspiração. O simples fato de terem passado incólumes por séculos de crítica e chegado até nós ainda cobertos de glória exige nosso respeito. Mas seríamos sem dúvida tolos caso valorizássemos suas conquistas apenas pela antiguidade. Ainda assim, permitimos que nossa simpatia histórica sobrepuje nosso discernimento estético. Oferecemos flores apreciativas quando o artista jaz seguro em seu túmulo. Além disso, o século XIX, fértil em sua teoria evolucionária, criou em nós o hábito de perder de vista o individual na espécie. Um colecionador anseia por adquirir exemplares para ilustrar um período ou uma escola, e se esquece que uma única obra-prima pode nos ensinar muito mais que qualquer quantidade de produtos medíocres de determinado período ou escola. Classificamos demais e apreciamos de menos. O sacrifício do estético pelo assim chamado método científico de exibição tem sido a perdição de muitos museus.

Os reclamos da arte contemporânea não podem ser ignorados em nenhum plano relevante de vida. A arte de hoje é aquela que realmente nos pertence: ela é o nosso próprio reflexo. Ao condená-la, nós simplesmente nos condenamos. Dizemos que não há arte nos tempos atuais — mas quem é responsável por isso? É sem dúvida uma vergonha que, apesar de todas as nossas entusiásticas expressões de apreço pelos antigos, prestemos tão pouca atenção às nossas próprias possibilidades. Artistas lutam em busca de renome, espíritos exaustos permanecem à sombra do frio desdém! Em nosso século egocêntrico, que inspiração lhes oferecemos? O passado pode muito bem contemplar com piedade a pobreza de nossa civilização; o futuro rirá da aridez de nossa arte. Estamos destruindo a arte ao destruir a beleza da vida. Que bom seria se algum prestigioso mago pudesse moldar do tronco da sociedade uma poderosa harpa cujas cordas ressoassem ao toque da genialidade.

Flores

No tremular cinzento de uma madrugada de primavera, quando pássaros sussurram em misteriosa cadência no arvoredo, você nunca sentiu que eles falam de flores aos companheiros? Para a humanidade, a apreciação das flores foi sem dúvida contemporânea dos poemas de amor. Além da flor, doce em sua inconsciência, fragrante em seu silêncio, onde mais seríamos capazes de imaginar o desabrochar de uma alma virgem? Ao oferecer a primeira guirlanda à sua amada, o homem primitivo transcendeu o bruto. Dessa forma, humanizou-se e se alçou acima das rudes necessidades da natureza. Penetrou o reino da arte quando percebeu o sutil uso do inútil.

Na alegria e na tristeza, flores são nossas amigas constantes. Comemos, bebemos, cantamos, dançamos e flertamos com elas. Casamo-nos e batizamos com flores. Não ousamos morrer sem elas. Cultuamos com lírios, meditamos com lótus, investimos em formação de batalha com rosas e crisântemos. Tentamos até falar na língua das flores. Como poderíamos viver sem elas? Aterroriza-nos imaginar um mundo sem a sua presença. Quanto conforto não nos trazem elas à cabeceira do enfermo, quanta abençoada luz à escuridão dos espíritos exaustos? Sua branda serenidade restaura nossa declinante confiança no universo da mesma maneira que o olhar intenso de uma bela criança reconduz nossas esperanças perdidas. Quando jazemos em meio ao pó, são elas que permanecem pesarosas sobre nossos túmulos.

É triste, mas não podemos ocultar o fato de que, apesar de nossa camaradagem com as flores, não nos alçamos muito acima do bruto. Arranhe a pele do cordeiro e o lobo em nós logo mostrará os dentes. Já foi dito que o homem aos dez anos é um animal, aos vinte, um maluco, aos trinta, um fracasso, aos quarenta, um impostor, e aos cinquenta, um criminoso. Talvez se torne criminoso porque nunca deixou de ser um animal. Nada é real para nós, exceto a fome; nada é sagrado, exceto nossos próprios desejos. Uns após outros, santuários desabaram diante de nossos olhos, mas um único altar foi para sempre preservado: aquele em que incensamos nosso ídolo supremo — nós mesmos. Nosso deus é grande, e o dinheiro é seu profeta! Devastamos a natureza para oferecer sacrifícios a ele. Gabamo-nos de haver conquistado a matéria e esquecemos que foi ela quem nos escravizou. Quantas atrocidades não cometemos em nome da cultura e do requinte!

Digam-me, meigas flores, lágrimas de estrelas, enquanto se postam no jardim e acenam suas corolas para as abelhas que cantam o orvalho e os raios solares, conhecem acaso o terrível destino que as aguarda? Continuem sonhando, oscilem ao vento e brinquem enquanto podem em meio às suaves brisas do verão. Amanhã, uma mão cruel se fechará em torno de suas gargantas. E serão arrancadas, despedaçadas e levadas de seu tranquilo habitat. A miserável pode ser bastante enganosa. Ela pode lhes dizer que vocês são encantadoras com os dedos ainda úmidos do seu sangue. Isso seria bondade, digam-me? Vocês podem acabar aprisionadas entre os fios de cabelo de uma mulher desalmada, ou metidas na lapela de alguém que não se atreveria a encará-las, fossem vocês humanos. Podem até acabar confinadas num vaso apertado com apenas água estagnada para saciar a louca sede que anuncia o esvair de suas vidas.

Flores, se acaso vivessem na terra do Mikado, talvez se vissem algum dia frente a frente com um horrível personagem armado de tesouras e uma pequena serra. Ele se autodenominaria "o mestre das flores". Reclamaria para si os direitos de um médico e vocês instintivamente o odiariam, pois sabem que um médico sempre procura prolongar os problemas de suas vítimas. Ele as cortaria, as vergaria e as torceria até vê-las assumir essas posições impossíveis que, no entender dele, lhes são apropriadas. Contorceria seus músculos e deslocaria seus ossos como qualquer osteopata. Ele as queimaria com carvão em brasa para estancar a hemorragia, e meteria arames em vocês para melhorar sua circulação. Ele as submeteria à dieta de sal, vinagre, alume e, às vezes, vitríolo. Água fervente seria derramada sobre seus pés quando vocês parecessem prestes a desmaiar. Ele se gabaria de ter-lhes prolongado a vida por duas semanas ou mais, além do que teria sido possível sem o tratamento dele. Vocês não prefeririam ter sido mortas de uma vez no momento em que foram capturadas? Quais teriam sido os crimes cometidos em encarnação passada capazes de justificar punições semelhantes?

O leviano desperdício de flores entre as comunidades ocidentais é ainda mais consternador que o modo como são tratadas por "mestres das flores" do Oriente. O número de flores diariamente cortadas para enfeitar salões de baile e mesas de banquete europeus e americanos, e descartadas no dia seguinte, deve ser enorme; enfileiradas, poderiam compor uma guirlanda em torno de um continente. Comparada a esse puro desprezo por uma forma de vida, a culpa do "mestre das flores" se torna insignificante. Este ao menos respeita a economia natural, seleciona as vítimas com cuidadosa previdência e, depois de suas mortes, presta homenagem aos restos mortais. No Ocidente, exibir flores parece fazer parte do aparato da riqueza — um capricho momentâneo. Para onde vão essas flores quando finda o devaneio? Nada é mais penoso do que ver uma flor murcha jogada impiedosamente sobre um monte de estrume.

Por que as flores nasceram tão belas e, ainda assim, tão infelizes? Insetos são capazes de ferroar e até mesmo o mais manso dos animais lutará quando acuado. O pássaro cuja pluma é almejada para adornar um toucado pode voar para longe de seus caçadores, o animal cujo pelo você cobiça pode se esconder à sua aproximação. Mas...ah! A única flor que sabemos ter asas é a borboleta; as demais se quedam indefesas perante o destruidor. Se gritam em sua agonia mortal, os gritos nunca alcançam nossos ouvidos empedernidos. Somos sempre brutais com os que nos amam e nos servem em silêncio, mas tempo virá em que, por causa de nossa crueldade, seremos abandonados por esses que são nossos melhores amigos. Repararam como, ano a ano, as flores silvestres vêm se tornando mais raras? Pode ser que seus sábios lhes disseram para partir até que os homens se tornem mais humanos. Talvez tenham migrado para o céu.

Muito se pode dizer a favor daquele que cultiva plantas. O homem do vaso é muito mais humano que o da tesoura. Observamos encantados sua preocupação com a água e a insolação, sua luta contra parasitas, seu horror à geada, sua ansiedade quando, lentamente, os botões despontam, seu êxtase quando as folhas se tornam lustrosas.

No Oriente, a arte da floricultura é muito antiga, e os amores do poeta por sua planta favorita foram muitas vezes cantados em verso e prosa. Com o desenvolvimento da cerâmica durante as dinastias Tang e Sung, ouvimos falar de maravilhosos recipientes feitos para conter plantas, não vasos, mas palácios enfeitados de joias. Um atendente especial era designado para cuidar de cada flor e para lavar suas folhas com macias escovas feitas de pelo de coelho. Já foi escrito que a peônia deve ser banhada por uma linda donzela vestida a caráter, que a ameixa do inverno deve ser regada por um monge pálido e esguio. No Japão, uma das mais populares danças do teatro Nô, a *Hachinoki*, composta durante o período Ashikaga, baseia-se na história de um fidalgo empobrecido, o qual, numa noite gelada, por falta de combustível para o fogo corta suas plantas amadas para poder receber um monge errante. O monge é na realidade Hojo Tokiyori, um Haroun-Al-Raschid das lendas japonesas, e o sacrifício não deixa de trazer sua recompensa. Ainda hoje, essa ópera infalivelmente arranca lágrimas da plateia em Tóquio.

Grandes cuidados eram tomados no sentido de conservar os delicados botões. O imperador Huensung, da dinastia Tang, dependurava minúsculos sinos de ouro nos galhos do seu jardim a fim de manter longe os pássaros. Foi ele que excursionou na primavera em companhia dos músicos de sua corte para alegrar as flores com música suave.

Uma singular tabuleta, que a tradição atribui a Yoshitsune, o herói arturiano de nossas lendas, ainda subsiste num monastério japonês. Trata-se de um aviso para proteger certa maravilhosa ameixeira, e chama nossa atenção pelo humor sinistro de uma era guerreira. Depois de se referir à beleza das flores, diz a inscrição: "Quem cortar um único galho desta árvore perderá um dedo como penalidade." Bom seria se tais leis pudessem ser aplicadas hoje contra os que levianamente destroem flores ou mutilam objetos de arte!

Mesmo no caso de flores em potes, somos inclinados a suspeitar de egoísmo humano. Por que retirar as plantas de seu habitat e pedir-lhes que floresçam em ambientes estranhos? Não seria o mesmo que pedir a pássaros que cantem e se acasalem presos em gaiolas? As orquídeas talvez se sintam abafadas no calor artificial das estufas e anseiem desesperadamente por uma rápida visão do seu céu meridional, quem sabe?

O amante ideal de flores é aquele que as visita em seus refúgios naturais, como Taoyuenming, que se sentava diante de um cerca de bambu quebrada para conversar com crisântemos silvestres, ou Linwosing, que se perdia em meio à misteriosa fragrância enquanto vagava ao crepúsculo entre as ameixeiras floridas do Lago Ocidental. Dizem que Chowmushih dormia num bote para que seus sonhos pudessem se confundir com os sonhos dos lótus. Foi esse mesmo espírito que motivou a imperatriz Komyo, uma de nossas mais famosas soberanas do período Nara, a cantar: "Se eu vos colhesse, minha mão vos violaria, ó flor! Posta no campo como estais, eu vos ofereço a Budas do passado, do presente e do futuro."

Contudo, não sejamos sentimentais em demasia. Sejamos menos supérfluos e mais magnânimos. Lao-tsé disse: "Céu e terra são impiedosos." Kobodaishi disse: "Corra, corra, corra, corra, o curso da vida segue sempre adiante. Morra, morra, morra, morra, a morte chega para todos." A destruição nos encara, para onde quer que nos voltemos. Destruição abaixo e acima, destruição atrás e adiante. Mutação é o único eterno — por que não acolher a morte com tanto prazer quanto a vida? São apenas contrapartidas uma da outra — o dia e a noite de Brahma. Pela desintegração do velho, a recriação torna-se possível. Viemos cultuando a morte, a incansável deusa da misericórdia, sob as mais diversas denominações. Era a sombra daquela que tudo devora que os Ghebурs saudavam no fogo. É diante do gelado purismo da alma-espada que o Japão xintoísta se prostra ainda hoje. O fogo místico consome nossa fraqueza, a espada sagrada talha a amarra do desejo. De nossas cinzas salta a fênix da esperança celestial, da liberdade nos vem uma percepção mais profunda da humanidade.

Por que não destruir as flores se, ao destrui-las, somos capazes de desenvolver novas formas de enobrecer o pensamento mundial? Apenas lhes pedimos que se juntem a nós em nosso sacrifício à beleza. Repararemos o ato consagrando-nos à pureza e à simplicidade. Assim raciocinaram os mestres do chá ao estabelecer o culto às flores.

Todos se familiarizaram com a maneira de ser de nossos mestres do chá — e os mestres das flores devem ter notado a veneração religiosa com que eles consideram as flores. Os mestres do chá não as colhem aleatoriamente; ao contrário, selecionam cuidadosamente cada galho ou ramo, atentos à composição artística que mentalizam. Eles se envergonhariam caso cortassem mais que o absolutamente necessário. A respeito disso, lembro que eles sempre associam as folhas, caso existam, à flor, pois têm o objetivo de apresentar a beleza da vida vegetal em sua totalidade. Nesse aspecto, assim como em muitos outros, o método deles difere do adotado por países ocidentais. Nestes, tendemos a ver apenas os talos das flores, como se fossem cabeças sem corpo promiscuamente metidas num vaso.

Quando um mestre do chá termina de arranjar uma flor de maneira que o satisfaça, ele a deposita no nicho *tokonoma*, o lugar de honra de um aposento japonês. Nada capaz de interferir em seu efeito será posto perto dela, nem mesmo uma pintura, a não ser que haja alguma razão estética especial para a composição. O arranjo floral ali descansa como um príncipe em seu trono, e convivas ou discípulos, ao entrarem no aposento, irão saudá-lo com uma profunda mesura antes de saudar o anfitrião. Esboços de obras-primas são feitos e publicados para elucidar amadores. A quantidade de literatura sobre o assunto é bem volumosa. Quando a flor murcha, o mestre a deposita carinhosamente no rio ou a enterra com cuidado. Por vezes, monumentos são erigidos em sua memória.

O nascimento da arte do arranjo floral parece ter sido simultâneo ao do "chaísmo", no século XV. Nossas lendas atribuem o primeiro arranjo floral aos primitivos santos budistas, que juntavam as flores espalhadas pela tempestade e, em sua infinita solicitude por todo ser vivente, depositavam-nas em vasilhas de água. Dizem que Soami, o grande pintor e conhecedor da corte de Ashikaga Yoshimasa, foi um dos primeiros adeptos dessa arte. Juko, o mestre do chá, foi um de seus discípulos, assim como Senno, o fundador da casa Ikenobo, família tão ilustre nos anais das flores quanto foi a de Kano nos da pintura. Com o aperfeiçoamento do ritual do chá sob a direção de Rikyu na segunda metade do século XVI, o arranjo floral também alcança seu pleno desenvolvimento. Rikyu e seus sucessores, o célebre Oda Wuraku, Furuta Oribe, Koetsu, Kobori Enshu, Katagiri Sekishu, rivalizaram-se na formação de novas combinações. Devemos lembrar, contudo, que o culto às flores pelos mestres da arte do chá constituiu-se apenas em parte do ritual estético, e não foi por si só uma religião distinta. O arranjo floral, como qualquer outra obra de arte no interior de um aposento do chá, era subordinado ao esquema decorativo geral. Assim, Sekishu estabeleceu que flores de ameixeira branca não deviam ser usadas quando a neve cobrisse o jardim. Flores "barulhentas" foram incansavelmente banidas dos aposentos do chá. Um arranjo floral feito por um mestre do chá perde seu significado quando removido do local para o qual foi originalmente pretendido, pois suas linhas e proporções foram especialmente elaboradas tendo em vista o ambiente.

A devoção à própria flor tem início com o surgimento dos "mestres florais", mais ou menos na metade do século XVII. Agora, o arranjo floral se torna independente do aposento do chá e não obedece a nenhuma outra lei além daquela imposta pelo vaso. Novos conceitos e métodos de execução tornam-se então possíveis, e muitos foram os princípios e escolas resultantes. Nos meados do século passado, um escritor disse que era capaz de contar uma centena de escolas diferentes de arranjos florais. Grosso modo, as escolas se dividem em dois ramos principais: formalista e naturalista. As escolas formalistas, lideradas pelos Ikenobos, visavam ao idealismo clássico, correspondente ao dos acadêmicos de Kano. Possuímos registros de arranjos dos primitivos mestres dessa escola, arranjos que quase reproduzem pinturas de Sansetsu e Tsunenobu. Por seu lado, a escola naturalista, conforme dá a entender seu nome, aceitou a natureza por modelo, apenas impondo as modificações formais que levavam à expressão de uma unidade artística. Assim, reconhecemos em seus trabalhos os mesmos impulsos que formaram as escolas de pintura ukiyo-e e shijo.

Seria interessante, caso tivéssemos tempo, aprofundarmo-nos mais nas leis de composição e detalhe formuladas pelos diversos mestres florais desse período, mostrando, como aliás mostram, as teorias fundamentais que regulamentaram a decoração do período Tokugawa. Nós os vemos referindo-se ao Princípio Dominante (Céu), Princípio Subordinado (Terra) e Princípio Conciliador (Homem), e qualquer arranjo que não incorporasse esses princípios eram considerados estéreis e mortos. Os mestres das flores também enfatizavam a importância de se tratar a flor em seus três diferentes aspectos: formal, semiformal e informal. Pode-se dizer que o primeiro representa as flores em majestosa roupagem de gala; o segundo, em elegante e descontraído vestido para a tarde; e o terceiro, em encantador *négligé* apropriado para um budoar.

Pessoalmente, simpatizamos mais com os arranjos florais dos mestres da arte do chá que com os dos mestres das flores. Os primeiros são arte em cenário apropriado, e nos agrada por sua real intimidade com a vida. Gostaríamos de chamar essa escola de natural, em contraposição à escola naturalista e à formalista. Selecionadas as flores, o mestre do chá considera seu dever cumprido e as deixa à vontade para contar sua própria história. Ao entrar num aposento do chá no fim do inverno, você poderá ver um delgado ramo de cerejeira silvestre em combinação com um botão de camélia prestes a desabrochar, eco do inverno que parte associado ao prenúncio da primavera. Ou ainda, se você entrar num aposento do chá em pleno dia de verão de irritante calor, poderá descobrir na fresca penumbra do nicho *tokonoma* um único lírio num vaso pendente; gotejante de orvalho, a flor parece sorrir da tolice que é a vida.

Um solo de flores é interessante, mas num concerto com pintura e escultura a combinação se torna extasiante. Sekishu certa vez posicionou algumas plantas aquáticas numa vasilha rasa para sugerir a vegetação de lagos e pântanos, e dependurou na parede logo acima uma pintura de Soami de gansos selvagens em pleno voo. Shoha, outro mestre da arte do chá, combinou um poema sobre a beleza da solidão à beira-mar com um incensário de bronze no formato de uma cabana de pescador e algumas flores silvestres de praia. Um dos convivas registrou que sentiu na composição o hálito de um outono prestes a partir.

Histórias de flores são infindáveis. Contaremos apenas mais uma. No século XVI, as campânulas ainda eram flores raras entre nós. Rikyu tinha um jardim inteiro repleto delas e as cultivava com assíduo cuidado. A fama de suas flores chegou aos ouvidos do xogum Toyotomi Hideyoshi, que expressou o desejo de vê-las. Rikyu então o convidou para um chá matinal em sua casa. No dia marcado, o xogum caminhou pelo jardim mas não conseguiu ver nenhum sinal das campânulas. O solo fora nivelado e recoberto com pedriscos e areia fina. Raivoso e sombrio, o déspota entrou no aposento do chá, mas uma visão que o esperava ali lhe restaurou o humor por completo. No nicho *tokonoma*, num raro artesanato de bronze da Era Sung, havia uma única campânula — a rainha de todo o jardim!

Nesses exemplos, vemos o significado do sacrifício floral em sua inteireza. As flores talvez tenham apreciado seu pleno sentido. Elas não são covardes como os homens. Algumas flores se glorificam na morte — as flores das cerejeiras japonesas com certeza o fazem ao se submeterem livremente aos ventos. Quem já se postou diante de uma avalanche fragrante em Yoshino ou em Arashiyama deve ter se dado conta disso. Por um momento, elas pairam como nuvens recamadas de joias e dançam sobre águas cristalinas; e então, enquanto se afastam singrando a lépida correnteza, parecem dizer: "Adeus, primavera! Estamos a caminho da Eternidade."

Os mestres do chá

No âmbito religioso, o futuro está no nosso passado. No artístico, o presente é eterno. Os mestres do chá sustentavam que a apreciação real da arte é apenas possível para os que fazem dela uma influência viva. Assim, procuraram regular o cotidiano deles de acordo com o alto padrão de elegância que obtinham em aposentos do chá. A serenidade mental devia ser mantida em todas as circunstâncias, e a conversação, conduzida de maneira a nunca prejudicar a harmonia ambiente. O corte e a cor da roupa, a postura física e a maneira de andar — tudo podia se tornar expressão de personalidade artística. Essas questões não deviam ser levianamente ignoradas, pois até que nos façamos belos não temos o direito de nos aproximar da beleza. Assim, o mestre do chá se esforçou para ser algo mais que artista, ou seja, ser a própria arte. Era o zen estético. A perfeição está em toda parte se apenas nos dignarmos a reconhecê-la.

Rikyu amava citar um velho poema que diz: "Para aqueles que anseiam apenas por flores, de bom grado eu mostraria a plena primavera abrigada nos brotos que lutam por sobreviver em montanhas cobertas de neve."

Grande foi sem dúvida a contribuição dos mestres do chá à arte. Revolucionaram por completo a arquitetura clássica e a decoração de interiores, e estabeleceram um estilo novo que descrevemos no capítulo do aposento do chá, estilo cuja influência sofreram até mesmo palácios e monastérios construídos depois do século XVI. Kobori Enshu, homem de muitos talentos, legou-nos notáveis exemplos de sua genialidade na vila imperial de Katsura, nos castelos de Nagoya e de Nijo, e no monastério de Kohoan. Todos os jardins famosos do Japão foram planejados por mestres do chá. A qualidade de nossa cerâmica jamais atingiria seu alto grau de excelência caso os mestres do chá não a tivessem inspirado, ao extrair de nossos ceramistas o máximo de engenhosidade no momento de confeccionar utensílios usados no cerimonial. Os Sete Fornos de Enshu são bem conhecidos de todos os estudantes japoneses de cerâmica. Muitos de nossos tecidos levam o nome dos mestres do chá que conceberam sua cor ou seu *design*. É realmente impossível encontrar um departamento de arte no qual os mestres do chá não tenham deixado marcas de sua genialidade. Em pintura e em laca, parece até supérfluo mencionar o imenso serviço prestado por eles. Uma das maiores escolas de pintura deve sua origem ao mestre do chá Hon'ami Koetsu, também famoso como artista da laca e da cerâmica. Ao lado de sua obra, a esplêndida criação de seu neto, Koho, e de seus bisnetos, Korin e Kenzan, ficam quase ofuscados. A escola Korin, conforme é geralmente designada, é inteiramente uma manifestação de "chaísmo". No arcabouço dessa escola, encontramos a vitalidade da própria natureza.

Embora grande tenha sido a influência dos mestres do chá no campo artístico, nada representa quando comparada à que exerceram no comportamento cotidiano. Não só nos costumes da sociedade culta, como também na disposição de todas as nossas miudezas domésticas, sentimos claramente a presença dos mestres do chá. Muitos pratos delicados de nossa culinária, assim como nossa maneira de servir a comida, são invenções deles. Eles nos ensinaram a vestir apenas roupas de cores sóbrias. Eles nos instruíram quanto à maneira correta de nos aproximarmos das flores. Enfatizaram o amor natural pela simplicidade, e nos mostraram a beleza da humildade. De fato, por intermédio de seus ensinamentos, o chá entrou no cotidiano do povo.

Aqueles dentre nós que não conhecem o segredo de ajustar adequadamente a própria existência neste tumultuado mar de tolos problemas que chamamos de vida estão em constante estado de miséria, enquanto tentam em vão parecer felizes e contentes. Cambaleamos na tentativa de manter nosso equilíbrio moral, e vemos prenúncios de tempestade em cada nuvem que flutua no horizonte. Ainda assim, há alegria e beleza no rugido dos vagalhões que se precipitam rumo à eternidade. Por que não entrar nesse espírito, ou, como Liehtsé, não cavalgar o próprio furacão?

Somente aquele que viveu com o belo pode morrer belamente. Os últimos momentos dos grandes mestres do chá foram repletos de apurada elegância, tanto quanto foram suas vidas. Ao procurar sempre se harmonizar com o grandioso ritmo do universo, estavam sempre prontos a penetrar o desconhecido. O "Último Chá de Rikyu" se destacará para sempre como expressão máxima da grandeza trágica.

Longa vinha sendo a amizade entre Rikyu e o xogum Hideyoshi, o Taiko, e alta a consideração que o grande guerreiro tinha pelo mestre do chá. Mas a amizade de um déspota é sempre uma honraria perigosa. Eram tempos em que traições abundavam e os homens não confiavam nem em seus parentes mais próximos. Rikyu de modo algum era um cortesão servil, e ousou diferir com frequência do raciocínio de seu feroz patrão. Aproveitando-se de certa frieza que existiu durante algum tempo entre Taiko e Rikyu, os inimigos deste acusaram-no de estar envolvido numa conspiração para envenenar o déspota. Segredaram a Hideyoshi que a poção fatal lhe seria administrada numa xícara da bebida verde preparada pelo mestre do chá. Para Hideyoshi, uma suspeita era motivo suficiente para execução instantânea, e não houve meio de demover o raivoso xogum de sua decisão. Um único privilégio foi garantido ao condenado — a honra de morrer por suas próprias mãos.

No dia destinado à autoimolação, Rikyu convidou seus principais discípulos para uma última cerimônia do chá. Pesarosos, os convivas se encontram no alpendre no horário combinado. Ao contemplar a aleia do jardim, parece-lhes que as árvores estremecem, e que fantasmas sem lar sussurram no farfalhar das folhas. As lanternas de pedra cinzenta postam-se solenes como sentinelas diante dos portões de Hades. Um sopro de raro incenso provém do aposento do chá; é o sinal que convoca os convivas, o pedido para que entrem. Um a um, eles avançam e tomam seus lugares. No nicho *tokonoma* pende um *kakemono* — maravilhosa caligrafia de um monge da Antiguidade que fala da impermanência de todas as coisas terrenas. O canto da chaleira que ferve sobre o braseiro lembra uma cigarra extravasando sua tristeza pelo verão que se vai. Logo, os convivas entram no aposento. Um a um, o chá é servido a todos, e cada um esgota a xícara em silêncio, o anfitrião por último. De acordo com a etiqueta, o conviva principal pede então permissão para examinar o equipamento do chá. Rikyu expõe os vários artigos diante deles, assim como o *kakemono*. Após todos expressarem admiração pela beleza dos objetos, Rikyu os dá como lembrança, um para cada um dos amigos ali reunidos. Só a tigela ele guarda para si.

"Que esta xícara, conspurcada pelos lábios do infortúnio, nunca mais seja usada por um homem." Assim dizendo, despedaça a vasilha.

A cerimônia termina; os convivas, a custo contendo as lágrimas, despedem-se pela última vez e deixam o aposento. Um único, o mais próximo e o mais querido, é solicitado a permanecer e a testemunhar o fim. Rikyu então despe a bata cerimonial, dobra-a com cuidado sobre o tatame e assim revela a mortalha imaculadamente branca que até então ocultava sob a roupa. Contempla com ternura a lâmina brilhante da adaga mortal, e a ela se dirige nestes requintados versos:

Eu vos saúdo,
Ó espada da eternidade!
Através de Buda,
E também de Dharma,
Vosso caminho abris.

Com um sorriso estampado no rosto, Rikyu seguiu rumo ao desconhecido.

Posfácio

Chanoyu, a cerimônia do chá, sempre existiu no âmago de minha existência, mas se não fosse *O livro do chá*, de Kakuzo Okakura, o escopo do trabalho de minha vida poderia ter sido bem diferente. Ao recordar o passado, um acontecimento no meio das confusas lembranças do período de guerra permanece em mim especialmente vívido. Eu estava sendo treinado numa unidade de ataque especial da força aérea naval. Antes da missão, meus camaradas quiseram tomar chá comigo. Preparei então uma cerimônia com o equipamento compacto que trouxera. Uniformizados e sentados com as pernas cruzadas, os homens, um a um, tomaram das chávenas dispostas diante deles. Muitos dentre eles partiram no dia seguinte para nunca mais voltar, mas em minha mente permaneceu a compostura daquela última reunião cerimonial — a serenidade dos amigos na aparente quietude da foto.

Com o término da guerra, estávamos todos em busca de novos rumos e valores que nos guiassem nos tempos que viriam. Ao retornar para casa certo dia, me deparei com uma cena em que meu pai, o grande mestre do chá, preparava uma cerimônia para um grupo de soldados das forças de ocupação norte-americanas. Entrei no aposento agitado por emoções conflitantes. Esses soldados tinham sido nossos inimigos até alguns meses antes; mesmo assim, meu pai calmamente preparava-lhes agora o chá. Essa lembrança permaneceu comigo muitos anos, e foi fundamental à minha resolução posterior de difundir o espírito do cerimonial *chanoyu* ao redor do mundo e de fazer disso o trabalho da minha vida. Nos tempos em que o Japão emergia das sombras da guerra e as cinzas da destruição cobriam a terra, a cerimônia *chanoyu* representou progresso e luz.

Okakura escreveu *O livro do chá* em 1906, tempos em que o Japão enfrentava um afluxo de ideias e instituições ocidentais, e corria o perigo de perder sua orientação cultural. O pós-guerra encontrou o Japão em situação semelhante, com a queda do sistema antigo e a necessidade de uma forma de governo moderna e democrática. Sob a orientação das forças de ocupação, foi adotada uma nova constituição, baseada em modelos ocidentais. As ideias eram tão estranhas que, para expressá-las, uma nova linguagem teve de ser devisada. Minhas lembranças desse tempo incluem uma palestra dada por um general-de-brigada americano na

Universidade de Waseda. Ele dizia que o povo japonês devia não só adotar as instituições democráticas do ocidente, como também voltar o olhar para os ideais democráticos formulados na própria herança, nas tradições da cerimônia *chanoyu* conforme expostas em *O livro do chá*.

Embora originalmente Okakura tenha escrito *O livro do chá* com o intuito de apresentar o pensamento e a civilização asiáticos ao Ocidente, sua perspectiva singular — posicionada no seio das tradições culturais asiáticas, mas expressa à luz do pensamento ocidental — ratificou os valores fundamentais da vida japonesa.

Durante minhas primeiras viagens aos Estados Unidos na década de 50, descobri quão extensa era a influência do trabalho de Okakura. *Chanoyu*, a cerimônia do chá, era virtualmente desconhecida em muitos lugares que visitei, e itens básicos para sua prática, como o tatame, não podiam ser encontrados. Mas ao improvisarmos, minha mulher e eu, os tatames para a nossa demonstração da *chanoyu*, abrindo lençóis e prendendo-os com fita adesiva preta para sugerir bordas de tatame, percebemos que, num certo sentido, nosso caminho já fora preparado. Pessoas que nada sabiam a respeito da *chanoyu* e que conheciam muito pouco de qualquer aspecto da vida japonesa tinham lido o livro de Okakura.

Selecionar o chá como símbolo de vida asiático foi um rasgo de genialidade de Okakura. E foi certamente um lance audacioso, pois justapôs as folhas de um arbusto de aparência comum — muito embora Okakura refira-se a ele como a "rainha das camélias" — ao poderio industrial e tecnológico do Ocidente. O "chá" representou o mundo natural conforme é tradicionalmente visto no Oriente, assim como o cotidiano de pessoas comuns. Uniu a diversidade dos povos através do continente asiático e nos fez lembrar os estreitos liames entretecidos em nossas culturas através dos séculos.

Esse "chá" se desenvolveu como um modo de vida — um meio de adestramento na busca de uma satisfação espiritual. Esse "chá" era a *chanoyu*. Baseado na ideia de que nunca poderemos obter paz íntima sem um esforço deliberado no sentido de nos libertarmos dos cuidados e dos desejos mundanos, *chanoyu* ofereceu-nos a chance de ir além dos apegos do cotidiano e de sondar nossas raízes humanas. Ao assim proceder, *chanoyu* abraçou uma preocupação universal.

Como um meio de adestramento, a cerimônia *chanoyu* oferece um abrangente modelo de vida. Serve como constante lembrete dos valores básicos de um povo através do tempo, valores esses que emergem da sabedoria e da experiência milenar das tradições asiáticas. Não prega nenhuma doutrina religiosa. Sua grande força repousa na solidez de suas formas; e seu fundamento, na mais básica das atividades humanas, qual seja, a de nos sentarmos em companhia de outras pessoas a fim de partilhar uma refeição e tomar um pouco de chá. Sen Rikyu (1522–1591), o homem que estabeleceu os fundamentos da cerimônia *chanoyu* conforme a conhecemos hoje, disse: "*Chanoyu* é apenas uma questão de ferver a água e de tomar o chá; não envolve nada mais que isso."

Para expressar os princípios que norteiam o caminho da *chanoyu*, Rikyu usou a expressão "harmonia, respeito, pureza e tranquilidade" (*wa, kei, sei, jaku*). Na cerimônia do chá, os praticantes entram num mundo em que, mediante consentimento mútuo, disciplina e longo treinamento de todos os participantes, tais ideais humanos prevalecem em contraste com as obrigações do cotidiano.

A expressão "harmonia, respeito pureza e tranquilidade" ocorre na literatura zen da China, não é uma formulação original japonesa. Ela se volta intencionalmente para os principais meios de desenvolvimento espiritual, e sem dúvida alguma podemos considerar esses ideais valiosos para todos os seres humanos, tanto hoje como nos dias de Rikyu.

Harmonia e reverência sugerem virtudes de uma interação social, enquanto pureza e tranquilidade têm sentido pessoal mais forte. Contudo, estão todos intimamente entrelaçados, um sugerindo o outro, ou melhor, pressupondo o outro. Destarte, todos têm implicações concretas na relação de um praticante com os demais participantes e com o ambiente da própria cerimônia do chá, assim como com o íntimo de cada indivíduo.

Harmonia

Harmonia sugere fortemente uma virtude confuciana — a atmosfera de conciliação. A razão pela qual a *chanoyu* insiste em manter cuidadoso comportamento em todos os aspectos da interação é, acima de tudo, a de possibilitar a conquista desse estado. Muitas pessoas que observam a cerimônia do chá pela primeira vez consideram rígida e limitante a obediência ao comportamento formal, mas a informalidade, com frequência preferida pelos jovens, não é necessariamente liberadora.

As regras do convívio social foram instituídas precisamente para nos liberar dos impulsos egoístas e da ira, e para ensejar nossa relação com os outros num plano que transcende condições, pensamentos e sentimentos imediatos. Rituais são hoje talvez menos apreciados que em qualquer outra época passada da história da humanidade, mas na *chanoyu*, eles nos permitem criar para nós mesmos refúgios de solenidade e solidão íntima — um tempo e uma circunstância para reverenciar o que sabemos ser mais importante em nossas vidas. Na *chanoyu*, a etiqueta — embora esta prescreva precisamente quando e até mesmo em que grau devemos nos inclinar em mesura, quando falar e que tópicos são apropriados à conversação — nos confere a capacidade de disciplinar nossa vida íntima e nos treina para encarar qualquer situação com compostura.

A ênfase na harmonia deu origem a um dos aspectos mais marcantes da *chanoyu:* a prática da igualdade social no interior de um aposento do chá. Isso não significa que todas as distinções sociais são simplesmente banidas, ou que a ordem fica à mercê do acaso. Ao contrário, a ordem dos convivas é cuidadosamente determinada com antecedência, e são estabelecidos os papéis e os lugares do convidado principal e dos que a este se seguem. Ao aderir a tais regras, contudo, ficamos livres para nos ajustar no plano humano, deixando para trás as dificuldades externas e nos unindo no mundo da *chanoyu.*

Esse espírito é expresso na única entrada para o aposento. Ao transformar o aposento de quatro tatames e meio em uma rústica cabana colmada, Rikyu criou uma entrada muito pequena chamada *nijiriguchi*, literalmente, uma "abertura por onde se entra rastejando". Esse artifício arquitetônico revela a essência da *chanoyu.*

As pessoas que participavam de cerimônias *chanoyu* nos tempos de Rikyu eram principalmente senhores feudais, guerreiros da classe dominante e mercadores ricos. Todos os convivas da classe guerreira tinham, inicialmente, de remover suas espadas — o símbolo da classe — antes de rastejar pela entrada. Até mesmo ao governante da nação era exigido que assim procedesse. Ao entrar dessa maneira no aposento do chá e se desfazer de seus status na rígida estrutura social feudal, todos assumiam igual postura e passavam para um reino em que as pessoas são respeitadas, sobretudo, por sua humanidade.

Entre as edificações do complexo Urasenke, existe um aposento do chá conhecido como Kan'untei, construído por Sen Sotan (1578–1658), mestre cerimonial do chá da terceira geração dessa linhagem. É um dos mais antigos aposentos de chá da escola Urasenke, e sua aparência e ambiente são característicos do século XVII. Um dos aspectos distintivos desse aposento é o teto, dividido em três seções de diferentes níveis e construção: formal (*shin*), semiformal (*gyo*) e informal (*so*). A imperatriz Tofukumon'in, mulher do imperador Gomizuno'o, era discípula de Sotan. No palácio, ela se sentava, como era costume entre pessoas de sua classe social, numa área elevada do aposento. Quando foi à casa de Sotan, onde não existia esse tipo de área, a imperatriz se sentou no mesmo nível dos demais estudantes. Em sinal de respeito pessoal por ela, contudo, Sotan lhe providenciou um local sob a seção formal do teto. Dessa maneira ficou patente o cuidado pela conduta social normal e a atitude, por intermédio da *chanoyu*, de divisar além das circunstâncias acidentais.

"O verdadeiro aristocrata é aquele que está livre da ansiedade (*buji kore kinin*)", disse o mestre zen Rinzai (morto em 1866). Praticantes da *chanoyu* valorizam essas palavras, pois estar livre da ansiedade (*buji* — que literalmente significa "nada a fazer" ou "a salvo do perigo") é um ideal a que aspiram. E ocorre assim uma ironia: embora mundanamente sejam os aristocratas e os líderes da sociedade que governam, no aposento do chá os que conquistam isolamento íntimo detêm o local de eminência. Dessa maneira, a harmonia implica forte espírito democrático.

Esse princípio da harmonia tem relação não só com a dimensão social da reunião em torno do chá, como também com a condução de nossas vidas em conformidade com a natureza. Enquanto a vida contemporânea nos oferece acesso a muitas conveniências que nos permitem conduzir o cotidiano sem atentar para a natureza, no cerne da *chanoyu* existe uma intrincada e sutil interação com o meio ambiente. Isso se torna especialmente evidente na percepção da mudança das estações do ano, um genuíno componente da *chanoyu* que se manifesta tanto na escolha dos utensílios e da comida como no método de preparar o chá.

Quando solicitaram a Rikyu que explicasse os segredos da utilização do braseiro ou da lareira durante o inverno e o verão — ou seja, as distinções no modo de preparar o chá durante o inverno e o verão —, ele replicou:

"No verão, confira um sentido de profundo frescor; no inverno, uma sensação de calor. Deite o carvão de modo que aqueça a água; prepare o chá de modo que seja agradável. Esses são os segredos."

A pergunta feita a Rikyu partia do pressuposto de que havia algum tipo de etiqueta no cerimonial cuja transmissão se dava de maneira secreta e que era conhecido apenas por estudantes de nível avançado, mas Rikyu respondeu declarando apenas a atitude fundamental de um anfitrião. Era uma questão simples. O questionador, abatido, queixou-se: "Disso todos sabem." "Nesse caso", acrescentou Rikyu, "tente executar o que eu disse. Eu serei seu convidado e talvez até me torne seu discípulo."

Tais ideais podem naturalmente ser compartilhados por muitos de nós mesmo que não tenhamos tempo para atingi-los. A prática da *chanoyu* é, porém, a recusa deliberada de postergar nossa existência essencial como ser humano, com plena consciência da dificuldade e ao mesmo tempo da importância dessa tarefa. É viver com delicada atenção ao detalhe — as flores da estação, o som da água caindo sobre pedra, a hora em que a tarde se transforma em noite — não porque essas coisas nos engrandecerão, mas porque introduzem em nossas vidas uma harmonia que nos transcende.

Na *chanoyu,* os métodos de deitar o carvão têm sido transmitidos através das gerações pelos mestres do chá.

O número exato de pedaços de carvão e até mesmo seus tamanhos e formatos estão estabelecidos, assim como a ordem na qual são arranjadas e sua exata posição sobre a cama de cinza peneirada. Apesar disso, o estudo desses métodos é realizado durante a vida inteira, pois a intenção não é a de obter uma imitação perfeita dos métodos consagrados pelo tempo, mas a de depositar o carvão "para que este aqueça a água" de maneira infalível — ou seja, de maneira que acenda com rapidez, queime uniformemente e aqueça a água da chaleira no momento apropriado, sem perda de tempo. A beleza e a economia na queima do carvão, que retém a forma de um galho arredondado cortado transversalmente e de casca ainda intacta, é também a beleza e a economia dos movimentos da mão do mestre, a falar de uma harmonia profunda com o momento daquele encontro para o chá.

Rikyu, na resposta citada acima, fez alusão consciente a uma história familiar aos mestres de arte japoneses. Certo mestre zen chinês chamado Dorin, ao renunciar à vida mundana, resolveu viver numa árvore. O poeta Po Chu-i foi ver o que poderia aprender com ele.

Po disse: "Mestre! Sua habitação é precária." O mestre zen respondeu: "Precário é o seu modo de vida — que o envolve no mundo e que negligencia sua natureza real."

Po perguntou: "Qual é o ensinamento de Buda?"

Dorin respondeu: "Evite as ações erradas e faça o bem."

"Qualquer criança de três anos sabe disso", respondeu o poeta.

O monge disse: "Uma criança de três anos pode saber, mas até mesmo um velho de oitenta se perderá na prática."

Nessa história está contida a atitude fundamental dos praticantes da cerimônia do chá, tanto passada quanto atual. Uma vida inteira de treinamento pode trazer conhecimento para um conjunto de tradições e campos — cerâmica e têxtil, incenso, laca, culinária, escrituras dos mestres zen e clássicos da poesia japonesa, só para citar alguns — mas o mais difícil é sempre o mais básico. As janelas vedadas com papel e os pisos de tatame dos aposentos do chá não criam por si só um refúgio apartado da dura responsabilidade da vida; mas, para os praticantes, elas realmente aproximam o homem de uma realidade íntima, libertando todos da fútil fuga de uma precariedade discordante.

Com relação a uma outra regra da *chanoyu,* Rikyu disse: "Arranjai as flores como se estivessem no campo." Okakura, em seu capítulo "Flores", discute diversos tipos de arranjos florais, e salienta sua preferência pelo tipo *chabana*, o arranjo que deriva do princípio preconizado por Rikyu. Uma vez mais, a regra de Rikyu pode ser simples, mas seu domínio requer anos de prática. Como outros aspectos da *chanoyu*, um arranjo *chabana* requer toda uma vida de disciplina.

As pessoas por vezes estranham este paradoxo — o cuidadoso arranjo destinado a evocar naturalidade. O objetivo não é reproduzir simplesmente a cena das flores num campo. A naturalidade resultante só pode provir da compreensão e, depois, da captação da característica das próprias flores. Além disso, no sereno espaço de um aposento do chá, as flores que adornam o nicho, removidas as complicações da vida temporal, possuem uma proximidade que não se evidencia quando vistas em meio à natureza. Realmente, elas existem somente no presente e fixam em nós a particularidade de suas existências individuais do exato modo como são. Conforme nota Okakura:

> "Elas não são covardes como os homens. Algumas flores se glorificam na morte — as flores das cerejeiras japonesas com certeza o fazem ao se submeterem livremente aos ventos ... Enquanto se afastam singrando a lépida correnteza, parecem dizer: 'Adeus, primavera! Estamos a caminho da Eternidade.'"

Crucial à apreciação das flores numa cerimônia *chanoyu* é uma consciência profunda capaz de transcender qualquer visão de mundo centrada no ser humano.

Respeito

Num plano pessoal, o princípio da harmonia subentende o espírito da reverência e da humildade. Não pode haver genuíno reconhecimento por parte dos outros, a menos que sejamos capazes de descartar o apego por nós mesmos que rege a vida na sociedade. Sem dúvida, falhar na percepção da humanidade de terceiros é uma das maiores causas de discórdia do mundo.

A necessidade de um espírito de reverência e respeito é evidente em vários aspectos da *chanoyu*. Okakura discute isso em seu brilhante capítulo "A apreciação da arte", em que relata a parábola da harpa. A harpa produzirá música apenas nas mãos de alguém que se submeta à canção nela latente. O mesmo acontece, diz Okakura, com quem está diante de obras de arte.

Muito da *chanoyu* envolve treinamento para ver o mundo que nos rodeia. Okakura até fala da *chanoyu* como uma "religião do esteticismo". Ver, na *chanoyu*, é permitir que as lentes deformadoras do costume e da avaliação social caiam, e perceber e apreciar as coisas por elas mesmas. É importante notar que muitos dos itens valorizados na *chanoyu* não foram criados como "arte", mas descobertos entre os mais simples utensílios domésticos, e depois adotados.

Portanto, os objetos valorizados na *chanoyu* não são julgados em comparação com um ideal de beleza formal.

Para citar um chavão, a beleza está nos olhos de quem vê, e na *chanoyu* esse olho é alimentado pelo espírito do respeito.

O sentido do respeito na *chanoyu* é expresso adequadamente numa história que envolve Sotan. Certo dia, um monge do templo Daitokuji, amigo íntimo de Sotan, mandou um jovem ajudante entregar a Sotan uma haste particularmente bonita com botões de camélia branca. No caminho, contudo, o botão principal caiu do caule. Depois de pesar as alternativas, o garoto decidiu entregar o caule e o botão caído e pedir desculpas por seu descuido. O respeito inerente no sentimento do jovem ajudante é exemplar; demonstra a reverência por objetos comuns. Mas ainda mais notável foi a reação de Sotan: ele introduziu o caule num vaso, dependurou o conjunto na coluna do nicho *tokonoma* e depositou o botão no piso do nicho. Desse modo, por respeito à consideração do amigo, ao esforço do garoto e à própria flor, a camélia se revestiu de vida nova no reino da *chanoyu*.

No âmbito das relações humanas, o princípio do respeito significa não pretender nada dos outros, ser desprovido de interesse com o intuito de impressionar ou de competir. Rikyu ensinou:

> "É bom para o espírito, tanto do convidado como do anfitrião, estar em mútuo acordo. Mas querer estar em acordo é prejudicial. Se tanto o anfitrião quanto o conviva

conseguirem dominar essa condição, uma sensação de harmonia surgirá espontaneamente."

Uma harmonia genuína não pode ser obtida através do esforço consciente dos participantes: ela deve surgir de maneira não intencional. Isto é, surge apenas quando baseada em respeito mútuo e em generosidade, obtidos por intermédio de longa disciplina e prática.

Uma das expressões que melhor revelam a qualidade do respeito na cerimônia *chanoyu* é a frase "este encontro será o único da minha vida" (*ichigo ichie*). A frase define a atitude do praticante durante uma cerimônia, e deriva da instrução de Jo'o, o mestre de Rikyu:

> "Desde o momento em que pisar a aleia do jardim até o momento da partida, você deverá nutrir pelo anfitrião o mais respeitoso apreço, como se o encontro fosse ocorrer essa única vez em sua vida."

Na cerimônia *chanoyu,* essa atitude de prezar cada momento é treinada e vale para todos os encontros humanos. Quando um estudante da cerimônia do chá recebe instruções do mestre — ou quando encontramos nossos colegas, nossos amigos, nossa família —, este sentido de importância do momento presente se manifesta em forma de sinceridade. Na *chanoyu*, a sinceridade se estende também para a nossa relação com o ambiente. A tigela em nossas mãos passa a existir como algo mais que o nome de uma fornalha ou que um conceito formal no momento em que a seguramos por "aquela única vez" e, ao tomarmos algo nela contido, as pressões de nossas vidas egocêntricas são esquecidas.

Pureza

Dizem com frequência que a pureza é o elemento mais caracteristicamente japonês da *chanoyu* — um elemento de acordo com o espírito religioso xintoísta. Certamente, na *chanoyu* a ênfase na pureza é aparente em todo lugar. O aposento do chá é cuidadosamente limpo e preparado antes de uma reunião, e adicionalmente purificado com incenso depois da entrada dos convivas. Da mesma forma, as aleias são cuidadosamente aspergidas com água pouco antes da chegada dos participantes. Tal purificação é entendida como purificação do coração e da mente.

Cada aposento do chá tem um pequeno jardim em torno da entrada destinada aos convidados. A aleia que atravessa o jardim e leva ao aposento do chá conduz também a uma bacia de pedra baixa. Depois que os convivas chegaram e estão à espera sentados no alpendre construído no lado mais distante do jardim, o anfitrião despeja água fresca na bacia. Um discípulo certa vez perguntou a Rikyu a razão disso, e ele respondeu que o som e a visão da água emprestavam à atmosfera uma sensação de limpeza e frescor.

A própria aleia do jardim, diz-se, leva a um mundo além da nossa vida mundana. Portanto, o primeiro ato que anfitrião e convivas executam no jardim é o de se purificar da poeira do mundo. A aleia é chamada de "solo orvalhado" (*roji*), muito embora originalmente essa palavra possa apenas ter significado "passagem" ou "senda". Numa passagem do Sutra Lótus, um pai chama seus filhos de uma casa em chamas para a segurança de uma *roji*. A casa em chamas simboliza a penosa existência da ignorância e do apego a si mesmo, e os praticantes da *chanoyu* consideram que a *roji* é o local para abandonar as confusões deste mundo.

Tranquilidade

Em termos gerais, o princípio da tranquilidade é o que melhor expressa o ideal da *chanoyu*. Em meio à azáfama da vida, a cerimônia *chanoyu* oferece o cenário e a disciplina para nos recompormos.

A tranquilidade da *chanoyu*, contudo, não é simplesmente uma breve trégua dos cuidados cotidianos, ou uma relativa paz da qual temos de retornar às nossas responsabilidades diárias. Os praticantes da *chanoyu* procuram fazer dessa tranquilidade a base de suas vidas. A palavra "tranquilidade" (*jaku*) é um termo budista usado com frequência para significar "nirvana", o dispersar das paixões cegas e o despertar para o que é verdadeiro e real.

Rikyu disse a respeito da natureza da *chanoyu*:

> "*Chanoyu* é acima de tudo uma questão de praticar e de compreender o caminho de acordo com os ensinamentos de Buda. Deliciar-se com o esplendor de uma moradia ou com o sabor de um régio banquete diz respeito à vida mundana. Há abrigo suficiente quando o telhado não goteja, e comida bastante se ela nos impede de morrer de fome. Esse é o ensinamento de Buda e a intenção fundamental da *chanoyu*. O praticante traz água, junta gravetos para o fogo e ferve a água. Feito o chá, ele o oferece a Buda, serve-o aos outros e o bebe ele próprio. Arranja as flores e queima o incenso. Em tudo isso, ele toma por modelo os atos dos Budas e dos patriarcas."

Aqui está a característica essencial da *chanoyu* como um "caminho", um meio de disciplina e prática por intermédio da qual transcendemos das falsas imagens que fazemos de nós mesmos.

Uma expressão concreta disso é a veneração demonstrada com relação às caligrafias dos monges zen, as quais nos revelam *insights* de conversões budistas. Cito outra vez Rikyu:

"Nenhum utensílio é comparável, em importância, a uma pintura em rolo. Ao contemplá-lo, tanto o conviva quanto o anfitrião conseguem completude mental e a compreensão do caminho em *samádi-chanoyu*. As caligrafias dos monges zen estão principalmente nesses rolos. Ao respeitar o que está escrito, saboreamos a virtude do calígrafo, dos praticantes do caminho e dos patriarcas."

Assim como a harmonia, o respeito e a pureza representam não só valores espirituais como também se manifestam na prática, na *chanoyu* a tranquilidade é um estado íntimo com efeito concreto.

Em um dos comentários mais célebres de Okakura, *chanoyu* é descrito como o "culto ao imperfeito". No comentário, ele expressa apreço ao aspecto talvez mais marcante de diversos utensílios de chá muito valorizados — a falta de simetria e perfeição formal. O valor positivo da imperfeição também se evidencia em toda a plenitude na arquitetura do aposento do chá, o que demonstra a importância do processo do aperfeiçoamento, maior, aliás, que a da própria perfeição. A verdadeira beleza, de acordo com o pensamento taoísta e zen, pode ser descoberta apenas por quem completa mentalmente o incompleto. O vigor da vida e da arte repousa na possibilidade de crescimento.

A apreciação estética do incompleto não teve origem na *chanoyu*. Mesmo no clássico *Ensaios sobre a ociosidade* (1331, aproximadamente) podemos encontrar a afirmação: "Em todas as coisas, a completude de todos os detalhes não é desejável; aquilo que é deixado simplesmente inacabado prende o interesse."

A compreensão de Okakura dessa preferência surgiu sem dúvida de sua longa experiência com as tradições artísticas tanto do Ocidente quanto do Oriente. Muitos podem discordar da ideia de Okakura de que o observador completa a simetria, por exemplo, de uma tigela de chá, ou que o assimétrico é apreciado simplesmente como é. Mas o "culto ao imperfeito" não é apenas uma categoria estética formal. "A adoração da beleza em meio aos fatos sórdidos da existência cotidiana", nas palavras de Okakura, é a questão mais importante, e na *chanoyu* é nisto — na apreciação do cotidiano para além do cálculo e da intenção da mente humana — que reside o fundamento da expressão estética.

Muito tem se falado dos valores estéticos da *chanoyu* — o amor pelo moderado e pelo austero, mais comumente caracterizado pelo termo *wabi*. *Wabi* originalmente sugeria uma atmosfera de desolação, tanto no sentido de solidão como no de pobreza material. Na longa história das várias artes japonesas, essa noção de *wabi* gradualmente assumiu conotação positiva e passou a ser reconhecida por seu significado mais profundo, religioso.

O mestre do chá Jo'o escolheu o seguinte poema de Fujiwara Teika para expressar esse significado:

Contemplo a praia inteira,
Mas não vejo flores ou folhas rubras:
Longe, à beira-mar,
Há uma cabana
No entardecer de outono.

Essa cena evoca certa solidão — ausência das cores típicas de uma estação, ou seja, das flores na primavera ou das folhas coloridas no outono. Talvez seja aqui, em meio a essa "imperfeição", que acordamos totalmente para a verdade de nossa própria existência. Apenas nesse tipo de pobreza essencial percebemos realmente as coisas ao nosso redor. Diz Okakura: "Aqueles que não conseguem sentir a pequenez das grandes coisas em si mesmos tendem a não notar nos outros a grandeza das pequenas coisas."

Ainda assim, o *wabi* do poema escolhido por Jo'o tem conotação negativa, enquanto este poema de Fujiwara Ietaka, escolhido por Rikyu, demonstra apreço por ele:

Para aquele que aguarda
Apenas o desabrochar das cerejeiras
Eu mostraria

A primavera nos rebentos de erva
Em meio à neve de uma aldeia na montanha.

Aqui, *wabi* desperta uma nova consciência. Sentimos nesse poema o ressurgimento do mundo com nova vitalidade e sentido.

Certa vez, perguntei a meu mestre zen, Goto Zuigan, a respeito do sentido de *sabi,* termo afim de *wabi*. Ele me disse para olhar o lago do templo. Segui sua instrução e olhei as águas por um longo tempo, e depois retornei. Ele me perguntou se entendi, e confessei que não. Ele me disse para olhar novamente.

Dessa vez, fui à beira do lago e selecionei uma rocha grande sobre a qual eu pudesse sentar e meditar. Estávamos no meio do inverno, e a superfície do lago estava coberta de folhas de lótus murchas. De repente, compreendi que as plantas não tinham simplesmente secado, mas que incorporavam, em sua decomposição, a plenitude da vida que emergiria outra vez em sua beleza natural.

Okakura, ao falar dos ideais taoístas que impregnam a *chanoyu*, afirma que "as três joias da vida eram piedade, economia e modéstia". Hoje os termos podem estar obsoletos, mas falam de qualidades que, no mundo atual, muitos de nós buscamos.

Quase um século se passou desde que Okakura compilou seu ensaio modelar. Nem por isso sua mensagem é menos atraente, e seu significado talvez seja até maior. É, no fundo, uma advertência no sentido de que a primeira e a mais importante lição que a humanidade deve aprender é a de viver em conjunto e em harmonia, e de respeitar as conquistas das diversas culturas, sem imposições.

Quanto a mim, são passados quase quarenta anos desde minha primeira visita aos Estados Unidos para demonstrações e palestras sobre o caminho do chá. Desde esse tempo, isto é, logo após o fim da guerra, tenho a convicção de que a paz mundial pode ser atingida tendo como ponto de partida simplesmente uma permuta de chá entre dois indivíduos. Após mais de uma centena de viagens a dezenas de países em seis continentes para palestras em universidades e em organizações, existem agora muitas cidades ao redor do mundo onde estudantes praticam a *chanoyu*.

Ainda assim, sou muitas vezes questionado por japoneses que ficam sabendo das minhas viagens de que maneira um estrangeiro pode compreender algo que os próprios japoneses acham tão difícil de entender. Eu respondo que um pinheiro é um pinheiro, e em qualquer terra em que for plantado crescerá e vicejará, caso lhe sejam fornecidos água, ar, espaço e nutrientes. Da mesma maneira, os seres humanos requerem alimentação — tanto física quanto espiritual — e a *chanoyu* pode ajudar a fornecer esse alimento.

Desde os tempos de Okakura, e mesmo desde a minha própria mocidade, o progresso da ciência e da tecnologia proporcionou muita comodidade à vida moderna, assim como prosperidade em grande escala às nações desenvolvidas, mas trouxe também profunda ansiedade. A ameaça de guerra com o uso de armas de poder destrutivo quase inconcebível, capazes de envenenar o ar que respiramos e a água que bebemos, é uma realidade diária. É seguramente tempo de voltarmos uma vez mais o olhar para o chá, levando em consideração a ampla perspectiva proposta inicialmente por Okakura, qual seja, a da cultura humana que transcende as fronteiras das nações.

Hounsai Genshitsu Sen

Créditos fotográficos

Brett Kropp: *Cerimônia do chá* (Kyoto), p. 11

Miko Walczuk: *Chanoyu* – Cerimônia do chá, p. 25

Michiko Mori: *Aposento do chá*, p. 113

Outras obras de literatura japonesa publicadas pela Editora Estação Liberdade

OSAMU DAZAI

Declínio de um homem

YASUNARI KAWABATA

Beleza e tristeza
A casa das belas adormecidas
Contos da palma da mão
A dançarina de Izu
A Gangue Escarlate de Asakusa
Kawabata-Mishima: correspondência 1945-1970
Kyoto
O lago
O mestre de Go
Mil tsurus
O país das neves
O som da montanha

NATSUME SOSEKI

Botchan
E depois
Eu sou um gato
O portal
Sanshiro

JUN'ICHIRO TANIZAKI

Diário de um velho louco

A gata, um homem e duas mulheres seguido de *O cortador de juncos*

As irmãs Makioka

A Ponte Flutuante dos Sonhos seguido de *Retrato de Shunkin*

YASUSHI INOUE

O castelo de Yodo

O fuzil de caça

NAGAI KAFU

Crônica da estação das chuvas

Guerra de gueixas

Histórias da outra margem

RYUNOSUKE AKUTAGAWA

Kappa e o levante imaginário

EIJI YOSHIKAWA

Musashi

OGAI MORI

Vita sexualis

HIROMI KAWAKAMI

Quinquilharias Nakano

A valise do professor

Banana Yoshimoto

Tsugumi

Doce amanhã

Kitchen

Yoko Ogawa

A fórmula preferida do Professor

Hotel Íris

O museu do silêncio

A piscina; Diário de gravidez; Dormitório: três novelas

A polícia da memória

Sayaka Murata

Querida konbini

Terráqueos

Yukio Mishima

A escola da carne

O marinheiro que perdeu as graças do mar

Vida à venda

Neve de primavera

Masuji Ibuse

Chuva negra

Otohiko Kaga

Vento Leste

Eiko Kadono

Entregas expressas da Kiki

ESTE LIVRO FOI COMPOSTO EM SIMONCINI GARAMOND CORPO
11,6/18 E IMPRESSO SOBRE PAPEL OFF-WHITE AVENA 90 g/m^2
NAS OFICINAS DA MUNDIAL GRÁFICA, SÃO PAULO — SP, EM
SETEMBRO DE 2025